행동 뒤에 숨은 심리학

카오스부터 행동경제학까지
'고품격 심리학!'

행동 뒤에 숨은 심리학

지은이 이영직
펴낸이 이종록 펴낸곳 스마트비즈니스
등록번호 제 313-2005-00129호 등록일 2005년 6월 18일
주소 경기도 고양시 일산동구 정발산로 24, 웨스턴돔타워 T4-414호
전화 031-907-7093 팩스 031-907-7094
이메일 smartbiz@sbpub.net
ISBN 979-11-6343-002-5 03320

초판 1쇄 발행 2018년 12월 5일
초판 2쇄 발행 2019년 4월 1일
초판 3쇄 발행 2019년 7월 1일
초판 4쇄 발행 2019년 11월 15일
초판 5쇄 발행 2020년 5월 25일
초판 6쇄 발행 2021년 1월 8일
초판 7쇄 발행 2022년 4월 20일
초판 8쇄 발행 2023년 6월 21일

행동 뒤에 숨은 심리학

카오스부터
행동경제학까지,
'고품격 심리학!'

| 이영직 지음 |

Sb
smart business

| 머리말 |

인간의 심리에 숨은 '속뜻을 이해하기 위하여!'

미국의 한 자선단체에서 가난하고 어려운 사람들을 자문해줄 변호사를 구하고 있었다. 그러나 가난한 비영리단체라 사례는 시간당 30달러밖에 지급할 수 없었다. 당연한 결과지만 그런 조건에 선뜻 나서는 변호사는 한 명도 없었다.

이에 고민을 거듭하던 단체장은 기발한 아이디어를 냈다. 돈이 아닌 '명예'를 치켜세워 주자는 것이었다. 이렇게 광고를 했다.

'이 일은 오직 명예직일 뿐 봉사에 대한 사례는 없습니다.'

그러자 지원자가 몰려들었다. 시간당 30달러를 받으면 C급 변호사 취급을 받지만, 비영리단체의 명예직 변호사라고 하면 A급 변호사가 되는 것이다. 이를 경제학적으로는 해석이 안 되지만, 심리학적으로 해석하면 당연히 그럴 수 있다.

30달러를 받아서 C급 변호사가 되느니, 차라리 무보수로 일하면서 A급 변호사가 되는 게 낫다는 것이다.

이탈리아의 한 교수가 고안한 가상의 설문이다.

"여기 고위 공직에 출마한 세 사람의 후보가 있다. 여러분은 누구를 선택하겠는가?"

세 후보에 관한 정보는 다음과 같다.

- **A 후보 :** 젊어서부터 술, 담배, 마약을 했던 불량소년이었다. 숨겨둔 여자와 자식이 있었다. 나중에는 다리가 불편해서 휠체어에 의존해야 했다.
- **B 후보 :** 어려서부터 말썽꾸러기 학생이었고, 낙제생이었으며, 사관학교도 3수 만에 들어갔다. 줄담배를 피우고 술고래였으며, 괴팍한 성격이어서 사람들이 가까이하기를 꺼렸다.
- **C 후보 :** 독실한 신자였고 금욕주의자, 채식주의자였다. 술과 담배는 입에도 대지 않으며, 애국심이 강해서 전쟁에 나가 훈장을 받기도 했다.

설문의 결과는 C 후보가 압도적인 지지를 받았다. A는 루스벨트, B는 처칠, C는 히틀러였다.

중국 중앙민족 대학의 자오스린 교수의《사람답게 산다는 것》에 나오는 이야기다. 대학의 한 교수가 사랑에 관한 설문 조사를 했다.

1. 사랑하는 두 남녀가 있었다. 여인은 아름다운 미모를 갖고 있었는데 사고로 미모가 사라졌다. 남자는 그 여자를 계속 사랑할까?

A. 당연히 계속 사랑한다.

B. 사랑하지 않는다.

C. 아마도 계속 사랑할 것이다.

2. 사랑하는 두 남녀가 있었다. 남자는 백만장자였다. 하지만 남자의 회사가 파산해 빈털터리가 되었다. 여자는 그 남자를 계속 사랑할까?

A. 당연히 계속 사랑한다.

B. 사랑하지 않는다.

C. 아마도 계속 사랑할 것이다.

두 질문에 대한 설문 조사는 다음처럼 나왔다.

• **질문 1 :** A 10% B 10% C 80%

• **질문 2 :** A 30% B 30% C 40%

교수는 설문 조사에 대한 결과를 밝힌 후, 다음처럼 말했다.

"모두들 두 남녀를 연인관계라고 생각했나요? 하지만 첫 번째 질문의 남녀는 부녀관계이고, 두 번째 질문은 모자관계입니다. 다시 두 가지 질문에 답해주세요."

그러자 모든 학생이 A를 선택했다.

이렇듯 인간의 심리는 복잡하기 그지없다. 생각이나 마음은 약 1,000억 개의 신경소자와 1,000조 개의 시냅스synapse로 구성되어 있는 뇌腦의 활동 산물이다.

그 복잡하게 얽힌 뇌가 생각하고, 예술을 창작하고, 사랑하는 것은 우리의 뇌가 단순히 복잡하기만 한 것이 아니라 복잡계가 가지고 있는 창발성創發性 때문이다. 창발성이란 복잡한 구성 요소들이 의외의 질서를 나타내는 경우를 가리키는 개념이다.

마크 뷰캐넌은 《사회적 원자The social atom》에서 사회로 눈을 돌려 인간 사회의 현상들을 물리적인 방법으로 설명하고 있다. 이론물리학자이자 세계적인 과학 학술지 〈네이처〉의 편집자였던 그는 인간 사회의

부富 불평등, 집단행동의 수수께끼, 역사 변동, 인종주의, 민족 학살, 주식시장의 주가 변동, 헛소문과 루머의 확산 등 온갖 사례들을 '사회물리학social physics'의 관점을 통해 설명하고 있다.

물질계가 질량과 전하電荷라는 본질적인 특성을 통해 물질의 운동을 설명하는 것이라면, 사회물리학은 사회적인 현상들이 '어떻게 일어나는가'를 규명하려는 학문이다.

마크 뷰캐넌은 개인의 생각이나 행동은 걷잡을 수 없지만, 이들이 집단을 이루면 불과 몇 가지 패턴으로 수렴된다고 말한다. 빅데이터로 사회물리학을 연구한 펜틀런드 교수는 "공식적인 회의보다는 자유로운 대화 속에서 문제 해결의 실마리가 풀린다."라고 말한다. 이것이 복잡계가 가지는 창발성이다.

복잡계 이야기를 읽다 보면 카오스라는 단어를 늘 만난다. 이 둘을 혼용하는 사람들도 많지만 엄연히 다르다. 복잡계는 평형을 이루고 있는 선형계와 걷잡을 수 없이 혼란스러운 카오스chaos 사이에 존재하는 계system다. 카오스가 선형계와 확률 사이에 존재하는 영역이라면, 복잡계는 다시 선형계와 카오스 사이에 존재한다는 의미다.

따라서 때로는 질서정연한 모습을 보이는가 하면, 또 때로는 무질서의 극치를 달리기도 한다. 날씨처럼 불과 몇 가지 요소들이 서로에게 영향을 주고받으며 증폭되어 예측하기 어려운 상태를 보이는 경우가 카오스라면, 많은 요소가 의외의 질서를 보이는 경우가 복잡계다.

이 책은 인간의 행동 뒤에 숨어 있는 재미있는 심리 현상들을 파헤치려고 최대한 노력했다. 책 앞부분에서 카오스와 복잡계 이론을 선보인 것은 인간 두뇌활동과 이의 산물인 '생각'을 먼저 이해하기 위해서다. 다소 지루한 점이 있다면 그 부분은 건너뛰고 읽어도 좋다.

인간을 이해하는 관문 리비도, 욕심과 탐욕의 경계 님비와 핌피, 무의식에 지배된 확증 편향, 스스로 나를 구속하는 율리시스의 계약, 이러지도 저러지도 못하는 햄릿 증후군, 마음속에서 꿈틀대는 벌레 마인드 버그, 같은 곳을 보고도 다르게 해석하는 프레임, 합리화를 가장한 인지부조화, 인간의 이성적인 비합리, 기억을 날조하는 자기생산, 비밀이 병이 되는 열병 모델, 집단사고와 집단극단화의 함정, 비합리적인 인간의 경제 행위 등 인간 행동의 이면을 다양하게 다루었다.

이 책이 인간의 심리에 '숨은 속뜻'을 이해하고 예측하는 데에 다소라도 도움이 된다면, 필자로서는 더없는 영광일 것이다. 독자 여러분의 건투를 빈다.

이영직

차례

머리말 인간의 심리에 숨은 '속뜻을 이해하기 위하여!' • 4

인간의 뇌와 복잡계 • 16

인간의 뇌는 신경소자들의 네트워크 | Is the solar system stable? | 되먹임 현상, 나비의 날갯짓이 폭풍으로 변한다 | 카오스는 '정답'과 '나도 몰라'의 중간 영역

카오스와 복잡계 • 26

혼돈 속의 질서, 패턴과 대칭 | 사회물리학과 복잡계의 창발성 | 큰 사건과 작은 사건, X이벤트 VS O링 이론 | 자기조직화, 새로운 질서를 만들다

행동경제학 • 38

비합리적인 인간의 경제 행위 | 즉흥적이고 충동적인 인지적 오류 | 휴리스틱, 어림짐작으로 판단한다

인간의 판단 • 47

인간의 눈과 귀와 머리는 믿을 게 못 된다 | 엉터리 논리학과 패러다임 시프트 | 세상에 어리석지 않는 사람은 단 한 명도 없다

확증 편향과 기억 • 56

얼마나 인간은 변하는 게 어려운가 | 무의식의 명령에 복종하는 인간의 뇌 | 뇌가 거짓 기억을 만들어낸다 | 기억은 기록이 아닌 해석이다

마인드 버그와 편견 • 64

당신은 편견을 가지고 있습니까? | 인간은 이성적인 비합리적 존재다 | 당위의 신념으로 그릇된 신념을 이긴다

결정 장애 • 73

햄릿 증후군, 이러지도 저러지도 못한다 | 스팍 선장의 합리적 결정과 나폴레옹의 꾸데이

기회비용과 매몰비용 • 80

인생은 B와 D 사이의 C다 | 선택지가 많을수록 선택의 폭은 줄어든다

율리시스의 계약 • 85

현재의 나를 묶어 미래의 나를 살린다 | 스스로 나를 구속하는 심리

개념적 소비 • 89
비싼 돈을 지불하고 고생을 소비한다 | 스토리와 개념을 소비한다 | 허영과 애호, 베블런 효과 VS 스놉 효과

집단사고와 집단지성 • 95
집단극단화, 만장일치가 가장 위험하다 | 집단사고의 함정, 아폴로 신드롬 | 집단지성의 산물, 위키피디아

익명과 루시퍼 효과 • 103
익명의 말과 행동은 양날의 칼 | 여론도 일종의 익명이다 | 상황이 인간의 본성을 이긴다? | 도플갱어, 인간은 누구나 가면을 쓰고 있다

비밀 엽서 클럽 • 113
열병 모델, 비밀이 병이 된다 | 비밀의 이면에 숨어 있는 사연

질투의 역사 • 118
인간의 핏속에는 질투의 DNA가 존재한다 | 질투라는 이기적 유전자 | 질투는 거리의 제곱에 반비례한다 | 살리에리 증후군, 천재를 증오하다

거짓말의 심리 • 129
기억이 나지 않는데요? | 말하는 것을 믿지 말고 행동하는 것을 믿어라 | 악의적 거짓말, 이타적 거짓말, 선의의 거짓말 | 거짓말이 진화의 수단?

통계의 함정 • 139

그럴듯한 거짓말, 새빨간 거짓말 그리고 통계 | 우리나라 이혼율? 47.4% VS 9.3%

심리의 전염성 • 145

범죄는 전염병처럼 전파된다 | 베르테르 효과, 자살도 전염된다

플라세보와 노세보 효과 • 151

마의 벽, 신체적 한계가 아니라 마음의 벽 | 슬픈 예감은 틀리지 않는다 | 믿음으로 흥하고 소문으로 망한다

인지부조화 • 159

합리화, 자기를 보호하기 위한 수단 | 이카로스처럼 추락한 이리듐 프로젝트 | 선택에 실패하는 4가지 유형 | 투자한 돈, 시간, 노력이 아까울수록 포기하지 못한다

방관자 효과 • 169

방관자가 늘어날수록 착한 사마리아인이 귀하다 | 설마, 나 하나쯤이야

므두셀라와 스톡홀름 증후군 • 175

언제나 과거는 아름답다? | 나도 모르게 우리가 된다

프로이트와 성 • 179

리비도, 인간을 이해하는 첫 번째 문 | 리비도, 성적 욕망 VS 정신적 에너지

끼리끼리 심리 • 185

유사성 효과, 타인과의 공통점으로 나를 확인한다 | 웨스터마크 효과, 왜 인간은 근친상간을 금기할까?

님비와 핌피 • 191

욕심과 탐욕의 경계는 어디일까? | 좋은 건 우리가, 나쁜 건 우리가 아닌 누구라도 | 공유지의 비극, 개인의 사리사욕이 공동체를 파괴한다

공진화와 평균회귀 • 199

야구에서 4할대 타자가 사라진 이유? | 칭찬보다 징벌이 더 효과적이다? | 승자의 저주, 성공에의 자만이 몰락의 시작이다

관점의 차이 • 208

프레임, 같은 것을 보고도 다르게 해석한다 | 다윈은 생물학이 아닌 신학을 전공했다?

편 가르기 • 215

자기만족의 함정, 우리의 적은 곧 나의 적이다 | 공동의 적이 생기면 친구가 된다 | 각자의 신념으로 싸운다

허위의식 • 222

거짓된 현실 인식 | 호랑이가 꾸짖어 나무라다 | 후진 기어가 없는 차는 팔리지 않는다

위조된 기억 • 229

뇌가 스스로 기억을 날조한다 | 자기생산, 인간의 기억은 얼마든지 위조될 수 있다 | 뷰자데, 익숙하지만 낯설다

애빌린 패러독스 • 236

"NO."라고 말할 수 있는 용기가 필요하다 | 누구도 동의하지 않는 합의가 있다

패거리 문화와 군중 심리 • 242
다수를 따르는 것이 안전하다 | 혼자라는 불안감에 맹목적으로 다수의 길을 따른다

램프 증후군 • 249
불안을 다른 불안으로 대체한다 | 걱정의 4%만이 자신의 힘으로 바꿀 수 있다

마녀사냥의 심리 • 254
누군가 희생양이 필요하다 | 미리 거짓이라고 답을 정해놓고 답을 찾다

고슴도치 딜레마 • 261
너무 가까이도 너무 멀지도 않게 | 타인의 온기를 즐기되 간섭은 싫다

확률과 게임 이론 • 265
예측과 착각, 큰 수의 법칙 VS 작은 수의 법칙 | 조건부 확률, 조건이 바뀌면 확률도 바뀐다 | 최선을 선택하지 않고 차선을 선택한다?

좌우의 심리 • 275
퇴근길 오른편 자리가 가게의 명당자리 | 진짜 얼굴과 가짜 얼굴

찾아보기 • 281

인간의 뇌와 복잡계

인간의 뇌는 약 1,000억 개의 신경소자와 1,000조 개의 시냅스synapse로 구성된 전형적인 '복잡계complex system'다. 복잡한 정도로만 따진다면 어쩌면 우주 다음이라고 해도 좋을 것이다.

복잡계는 평형을 이루고 있는 선형계와 걷잡을 수 없이 혼란스러운 카오스choas 사이에 존재하는 계system다. 카오스가 선형계와 확률 사이에 존재하는 영역이라면, 복잡계는 다시 선형계와 카오스 사이에 존재한다는 의미다. 따라서 때로는 질서정연한 모습을 보이는가 하면, 또 때로는 무질서의 극치를 달리기도 한다.

이를 굳이 위상으로 따지자면 다음과 같다.

비 선 형 계

선형계(뉴턴 역학) – 복잡계 – 카오스 – 주사위(단순 확률)

선형계는 정답이 하나뿐이다. 우리는 초기 조건만 알면 언제든 해解를 구할 수 있다. 그러나 주사위를 던졌을 때 어떤 숫자가 나올지는 아무도 모른다. 오직 특정 숫자가 나올 확률이 1/6이라고 말할 수 있을 뿐이다.

그러나 카오스 세계는 개략적이기는 하지만 어느 정도 범위 내에서 정답의 범위를 예측할 수 있고, 복잡계가 되면 어느 정도 패턴까지 파악할 수 있다. 복잡계 이론이 중요한 이유다.

인간의 뇌는
신경소자들의 네트워크

인간의 뇌는 정교한 네트워크를 형성하고 있어, 신경소자들이 다른 신경소자와 상호 의사소통하면서 거대한 리듬을 만들어낸다. 신경소자 하나하나는 단순한 깜박임의 전기 신호를 내보낼 수 있을 뿐이지만, 이 신경소자 망의 리듬은 우리가 보고, 듣고, 기억하고, 사랑하고, 생각하는 모든 인지활동의 기저에 자리하고 있다.

인간의 행동은 이성과 감정, 양심과 욕심, 유혹과 충동, 개인적인 습관이나 신념, 경험 등 다양한 요소들에 의해 움직이는 카오스의 세계이며 동시에 복잡계의 세계다. 카오스라고 하는 것은 그만큼 예측이 어렵다는 의미이며, 복잡계라고 하는 것은 그런데도 불구하고 그 너머에는 새로운 질서가 언제든 존재한다는 의미다.

누구에게나 분노가 폭발할 때는 다음 행동을 예측할 수 없을 정도로 강렬한 에너지가 분출되지만, 다시 평온을 되찾으면 이성적인 인간으로 돌아오는 것과 같다. 인간의 생각과 행동은 걷잡을 수 없이 요동치다가도 사랑을 하고 철학과 음악과 예술을 즐길 수 있는 것이 인간의 뇌다. 전자가 카오스라면 후자는 복잡계다.

복잡계의 가장 큰 특징은 다양한 요소들이 모이면 개체 하나하나에서 볼 수 없는 새로운 질서가 나타난다는 것이다. 그것을 우리는 창발성이라고 부른다.

우리가 살아가는 사회에는 수많은 다양한 사람들이 서로 다른 목적으로 분주히 뛰어다닌다. 이들이 만들어내는 궤적은 혼란 그 자체일 것 같지만 의외로 새로운 질서를 만들어낸다는 것이다. 이처럼 복잡한 인간의 생각, 마음을 이해하기 위해서는 카오스와 복잡계에 대한 이해가 필요하다.

결론적으로 말하면, 카오스는 소수의 요인이 일으키는 예측 불가능한 현상이고, 복잡계는 다양한 많은 요인이 연출하는 의외의 안정된 질서다. 이제 복잡계와 카오스의 세계로 잠시 두뇌 여행을 떠나보자.

Is the solar system stable?

1887년 어느 여름밤, 스웨덴 국왕 오스카 2세는 저녁식사 후 포도주 한 잔을 들고서 정원을 산책하며 밤하늘의 별을 구경하고 있었다. 그 때 유성 하나가 포물선을 그리면서 저 멀리 지평선 너머로 떨어지고 있었다. 왕은 혼자서 생각했다.

'태양계는 과연 안정된 상태인가?Is the solar system stable?'

태양계는 안전한가? 만약 달이 지구로 떨어진다면 어떤 일이 벌어질까?

생각을 거듭하던 국왕은 이 문제에 2만 5천 크라운의 상금을 내걸었다. 즉 태양과 9개의 행성 그리고 소행성과 위성들이 지속해서 안정된 상태를 유지할 것인가, 아니면 언젠가는 어느 행성이 궤도를 이탈하여 태양이나 다른 행성과 충돌하여 새로운 질서로 재편될 것인가 하는 문제였다.

문제는 구체적으로 다음과 같았다.

> 주어진 여러 개의 질량을 가진 물체가 중력의 영향으로 운동을 한다. 충돌을 고려하지 않는다고 할 때, 각 물체의 위치를 시간에 대한 함수로 기술하라.

문제의 내용도 아주 그럴싸하게 수학적인 표현이다. 수학과 천문학에 관심이 많은 국왕이었던 듯하다.

여기에 프랑스의 수학자 앙리 푸앵카레가 도전했다. 태양과 지구, 혹은 지구와 달의 관계는 뉴턴 역학에서 다루는 '2체 문제two-body problem'로, 이들의 질량과 속도만 알면 계산이 가능하다. 그러나 다른 행성들의 영향을 받으면서 태양 둘레를 도는 지구나, 태양의 영향을 받으면서 지구 둘레를 도는 달의 운동은 '3체 문제three-body problem'가 된다.

푸앵카레는 이처럼 3개 혹은 그 이상의 물체가 서로 영향을 주고받으면서 움직이는 문제는 풀이가 불가능하다는 것을 수학적으로 증명했다. 풀기가 어려운 것이 아니라 구조적으로 풀이가 불가능하다. 이것이 카오스 이론의 시초가 되었다.

되먹임 현상,
나비의 날갯짓이 폭풍으로 변한다

1961년 MIT 공과 대학의 기상학자 에드워드 로렌츠는 기압, 온도, 풍속을 컴퓨터에 입력하여 장기적인 기상 현상을 시뮬레이션하고 있었다. 그는 소수점 이하 6자리까지 입력하여 시뮬레이션의 결과를 화면으로 확인한 다음, 이를 출력할 때는 인쇄 분량을 줄이기 위해 소수점 이하 3자리까지만 입력했다. 그는 커피 한 잔을 마시면서 생각했다.

'소수점 이하 3자리, 곧 1,000분의 1 정도의 차이야 무슨 영향이 있으려고…….'

차 한 잔을 마시고 돌아와 출력된 내용을 살펴보던 로렌츠는 깜짝 놀랐다. 출력된 그래프의 모습은 처음에는 조금밖에 차이가 나지 않다가, 시간이 흐를수록 차이가 벌어지면서, 나중에는 시뮬레이션과는 전혀 다른 결과물이 나타났다. 여기서 그 유명한 명제, "북경에서 나비의 날갯짓이 뉴욕에서는 폭풍으로 변한다."라는 유명한 '나비 효과 butterfly effect'가 나온 것이다.

이처럼 초기의 작은 차이가 큰 차이로 벌어지는 이유는 '되먹임 현상 feed-back phenomenon' 때문이다. 되먹임 현상이란 하나의 원인이 어떤 결과를 낳으면 그 결과가 다시 원인으로 작용하여 증폭되는 현상이다.

카오스를 판정하는 기준도 되먹임 현상의 존재 여부다. 어린 시절 누구나 눈사람을 한번쯤 만들어보았을 것이다. 처음에는 눈을 조그맣게 뭉친다. 그리고서 이것을 눈 위에다 굴리면 눈송이는 가속적으로 불어나 커다란 눈사람이 되는 것이다. 이것이 되먹임 현상이다.

태풍이 형성되는 과정도 전형적인 자연계의 되먹임 현상이다. 여름철, 적도의 뜨거운 공기가 바닷물을 덥히면 바닷물은 수증기가 되어 하늘로 치솟는다. 그러다 공중의 차가운 공기를 만나면 물로 변하여 구름이 된다. 수증기가 물로 변할 때는 539kcal/kg의 액화열을 방출한다. 이 열은 다시 바다 표면의 온도를 상승시키면서 더 많은 수증기를 증발시킨다. 이것이 지구 자전에 의해 이동하면서 거대한 회오리를 형성하는 것이다.

이 예측할 수 없는 자연계의 현상이 전형적인 카오스의 세계다. 공기의 흐름, 기상변화, 지진, 해일, 폭포에서 떨어지는 계곡물, 강이나 산맥의 흐름, 야생동물의 개체수 변화, 뇌의 활동 등이 모두 카오스 현상들이다.

전염병이 유행하는 패턴도 흡사하다. 처음 한두 명에서 시작하여 이것이 기하급수적으로 증폭되어 도시 전체를 휩쓸어 가는 것과 같은 이치다. 주식시장에서는 작은 소문 하나가 요인이 되어 큰 폭으로 오르내릴 수 있다. 복리로 불어나는 이자도 되먹임 현상이다. 처음에는 단리와 복리의 차이가 그리 크지 않으나 시간이 지날수록 단리와 복리는 큰 차이로 벌어진다.

무인도에 번식력이 좋은 들쥐 100쌍을 풀어놓았다고 가정해보자. 우리가 예측할 수 있는 것은 이들의 개체수가 초기에는 아주 빠르게 증가할 것이라는 점이다. 그리고 어느 정도 시간이 지나면 증가율이 둔화하여 마이너스 성장을 할 수도 있을 것이다. 먹이 부족, 천적의 등장, 전염병 등 개체수가 증가할수록 증가를 억제하는 요인 또한 증가한다. 그래서 생명이 있는 모든 것들을 포함해서 국가나 기업과 같은 유기적인 조직도 영원히 성장할 수 없는 것이다.

들쥐들의 개체수를 N, 개체수 증가율을 r이라고 하면, 그 기간에 죽는 개체가 없다고 할 경우 1년 후 개체수는 N+rN이 될 것이다. 여기서 환경이 수용할 수 있는 최대치 K를 가정해보자. 환경이 수용할 수 있는 최대 개체수를 K라고 하면 이들의 개체수 증가는 다음과 같다.

$$dN / dt = (K - N)rN$$

즉 자연 증가율에다 환경에 의해 제어되는 정도를 곱한 값으로 나타난다. 이 방정식은 스위스의 수학자 P.F. 베르헐스트가 고안한 것으로 개체군 생태학의 수학 모델로 자리 잡았다.

여기서 유의할 것은 거의 모든 시스템이 그러하듯 개체수가 증가할수록 이를 억제하는 요인 또한 증가한다.

여기서 이들의 번식률이 '1' 이하면 개체수가 점점 줄어들면서, 결국 멸종하고 만다. 번식률이 '2.5'면 일단 개체수가 증가하지만 무한정 증가하지는 않고 0.6에 수렴한다. 태어나는 개체수와 죽어가는 개체수가 균형을 이루기 때문이다. 번식률이 '3.1'을 넘으면 0.6과 0.78 사이에서 진동하다가, 번식률이 '4'를 넘으면 아무런 규칙성이 없이 제멋대로 진동한다.

이것이 카오스 현상이다. 먹이가 한정된 배양접시의 박테리아도 같은 개체수 증감 패턴을 보인다.

카오스는 '정답'과
'나도 몰라'의 중간 영역

카오스 이론에 빠지지 않고 등장하는 용어가 '선형linearity', '비선형non-linearity'이다. 선형은 1차 함수 y=ax와 같이 원인과 결과가 비례하는 관계고, 비선형은 원인이 상호 작용을 통해 복잡하게 전개되면서 원인과 결과가 일치하지 않는 시스템이다.

자연계나 사회 현상 대부분은 비선형 시스템이다. 비료를 2배 준다고 해서 수확이 2배로 늘지 않으며, 공부를 2배 한다고 성적이 2배로 오르는 것은 아니라는 이야기다. 비선형 방정식은 일반적인 방정식의 풀이 방법으로는 해가 구해지지 않는다. 앞서 푸앵카레가 정의한 대로 3체 이상의 요소들이 서로 영향을 주고받으면서 움직이는 시스템에는 정답이 없는 것이다. 개략적으로 정답의 범위만 알 수 있을 뿐이다.

카오스는 예측하기 어려운 자연과 사회 현상이기는 하지만 주사위를 던지는 것과 같이 완전한 무작위 현상은 아니다. 주사위를 세 번 잇따라 던질 때 나오는 숫자와 순서를 알아맞힐 수 있는 존재는 신밖에 없다. 처음에 3, 다음에 5가 나왔다면 3과 5는 아무런 상관관계가 없다. 오직 우연이고 확률일 뿐이다.

이처럼 완전 무작위적인 현상은 통계적으로 말할 수 있을 뿐이다. 이것을 우리는 확률이라고 부른다.

그러나 카오스 현상은 불규칙적이고 예측이 어렵기는 하지만 주사위를 던지는 것보다는 좀 더 예측이 가능하다는 점에서 차이가 난다. 어느 정도는 예측이 가능하다는 점에서 카오스는 1차 방정식과 확률의 중간 영역에 자리하고 있다.

그 제3의 영역이 카오스인 셈이다.

카오스와 복잡계

카오스 이야기를 읽다 보면 늘 복잡계라는 용어와 마주하게 된다. 카오스와 복잡계는 같은 것인가? 아니면 다른 것인가?

읽을수록 헷갈리는 것이 카오스의 세계만큼이나 복잡하다. 두 개념 모두 비선형계이기는 하지만 엄연히 다르다.

- **카오스 :** 구성 요소가 비교적 단순한 시스템에서 일어나는 예측할 수 없는 복잡한 현상
- **복잡계 :** 많은 구성 요소들이 상호 작용을 하여 새로운 질서를 만들어내는 시스템

혼돈 속의 질서,
패턴과 대칭

1차 함수 y=ax와 같이 쉽게 풀 수 있고 정답이 하나뿐인 구조가 선형이라면, 되먹임 구조를 갖는 카오스는 정답을 예측할 수 없는 구조다. 카오스와 복잡계 모두 비선형계로 복잡한 구조이기는 하지만, 카오스에 비해 복잡계는 패턴과 대칭을 가지고 있어 비교적 안정적이다.

하늘의 구름을 보자. 지금 하늘에 떠 있는 구름은 한 번도 같은 모습으로 나타난 적이 없다. 하지만 유사 패턴을 반복하기에 우리에게 익숙하게 보이는 것이다.

멀리서 산맥이 흘러가는 모습을 보자. 크고 작은 봉우리들이 길게 이어지는 모습은 어느 하나도 같은 모습을 하고 있지 않지만, 우리 눈에는 왠지 익숙한 모습으로 보인다. 봉우리들이 뻗어가는 패턴이 어느 정도 규칙성을 가지고 있기 때문이다.

하늘의 구름이나 산맥, 강, 폭포, 숲이나 해안선의 모습, 촌락이 형성되는 모습도 흡사한 패턴을 반복하고 있다.

나무를 보자. 나무는 원줄기와 큰 가지, 작은 가지, 잎으로 구성되어 있다. 그러나 가만히 살펴보면 큰 줄기와 작은 줄기는 크기만 다를 뿐 동일한 모습을 하고 있다. 큰 줄기를 축소하면 작은 줄기가 되고 작은 줄기를 확대하면 큰 줄기가 된다. 규모의 대칭인 것이다. 자연계나 사회 현상에서 나타나는 패턴과 대칭이 복잡계의 특성들이다.

복잡계는 여러 개체의 집합이지만 집단을 이루고 나면 개체에서는 볼 수 없는 새로운 질서가 나타난다.

깊어가는 가을, 밤하늘을 나는 기러기 떼를 보자. 이들은 늘 'V자 편대'를 이루며 하늘을 날아간다. 여기에는 두 가지 이유가 있다. 하나는 온전한 시야를 확보하기 위함이며, 다른 하나는 앞선 동료의 날갯짓으로 뒤따르는 기러기의 힘을 덜어주기 위함이다. V자 편대를 이룰 경우 30% 정도의 에너지를 절약할 수 있다. 끊임없이 기럭기럭 하고 우는 것은 서로 간의 의사소통을 위한 상호 작용이다.

물고기들은 거대한 집단을 이루어 큰 몸집의 물고기 모습으로 이동한다. 이는 적으로부터 무리를 보호하기 위한 방법이다. 말레이시아 맹그로브 숲에는 여름밤이면 수백만 마리의 반딧불이가 짝을 찾느라 빛을 반짝인다. 반딧불이도 2천여 종이 있어 같은 종들끼리만 짝짓기를 한다. 이들은 빛의 리듬을 보고 종을 구별해낸다. 몹시 복잡해 보이지만 이들은 오케스트라 연주에 맞춘 듯이 정연한 질서를 유지하면서 짝짓기를 한다. 이런 것이 복잡계가 보여주는 질서다.

주말 도심에 나가 보면 수많은 사람이 오가지만 이들은 질서정연한 흐름을 형성한다. 이들의 가는 목적지는 모두 다르지만 오가는 행렬은 정연한 질서를 이룬다. 많은 사람이 건너는 다리에 음악을 틀면 사람들은 자신도 모르게 음악에 박자를 맞추게 된다.

박테리아 중에는 먹이가 부족해지면 서로가 신호를 보내 하나로 뭉쳐 마치 한 마리의 곤충처럼 먹이사냥을 하다가, 먹이 사정이 좋아지면 다시 각각의 개체로 돌아가는 종류도 있다.

이것이 혼돈 속의 질서인 복잡계다. 우리의 뇌도 수많은 요소들이 모인 복잡계지만 생각을 하고 사랑이라는 아름다운 감정도 느낄 수 있는 것이다. 이 새로운 질서를 창발성이라고도 부른다. 복잡계 이론이 새롭게 각광받는 이유도 복잡계가 갖는 창발성 때문이다.

사회물리학과 복잡계의 창발성

마크 뷰캐넌은《사회적 원자The social atom》에서 사회로 눈을 돌려 인간 사회의 현상들을 물리적인 방법으로 설명하고 있다. 이론물리학자이자 세계적인 과학 학술지 〈네이처〉의 편집자였던 그는 인간 사회의 부富 불평등, 집단행동의 수수께끼, 역사 변동, 인종주의, 민족 학살, 주식시장의 주가 변동, 헛소문과 루머의 확산 등 온갖 사례들을 '사회물리학social physics'의 관점을 통해 설명하고 있다.

물질계가 질량과 전하라는 본질적인 특성을 통해 물질의 운동을 설명하는 것이라면, 사회물리학은 사회적인 현상들이 '어떻게' 일어나는가를 규명하려는 학문이다.

개개인의 생각이나 행동은 걷잡을 수 없지만, 이들이 집단을 이루면 불과 몇 가지 패턴으로 수렴된다고 말한다. 많은 사람이 무리를 지어 길을 걸을 때는 가는 사람, 오는 사람들이 하나의 흐름을 만들어 질서정연하게 걸어간다.

빅데이터도 사회물리학 연구에 많은 도움이 된다. 마른 땅에 물 한 바가지를 뿌리면 20~30%는 사방으로 흩어지지만 70~80%는 어떤 패턴을 그리며 한 곳으로 집중된다.

빅데이터로 사회물리학을 연구한 펜틀런드 교수는 "생각이 비슷한 사람들과 활발하게 교류하는 사람이 변화를 이끌어 간다. 공식적인 회의보다는 자유로운 대화 속에서 문제 해결의 실마리가 풀린다."라고 말한다. 이것이 복잡계가 가지는 창발성이다.

부분과 전체의 관계는 앞서 살펴보았던 복잡계 이론과 맥을 같이 한다.

숲을 보자. 숲은 다양한 종류의 나무들이 모여서 이루어진 복잡계다. 그러나 숲은 개개의 나무들이 가질 수 없는 숲 고유의 특성을 가지게 된다. 홍수를 막아주고 야생동물을 비롯하여 다양한 생명의 보금자리가 된다. 복잡계를 구성하는 다양한 요소들은 어떤 공동의 목적을 위해서가 아니라, 각자의 필요에 의해 모인 집합이지만 전체가 되면 부분에서는 찾아볼 수 없는 전혀 새로운 특징이 나타난다. 우리는 이것을 창발성이라고 부른다. 그래서 전체는 부분의 합보다 큰 것이다.

《부분과 전체Der teil und das ganze》는 양자역학자 베르너 하이젠베르크가 쓴 양자물리학 이야기다. 이론서라기보다는 자서전에 가깝다. 양자역학에 입문하게 된 동기, 양자역학을 공부하는 동안에 일어난 전쟁, 동료들과의 대화 등 그 당시의 일화들을 엮은 책이다.

하이젠베르크의 양자역학의 핵심은 '불확정성 원리uncertainty principle'다. 소립자 세계에 들어가면 파동과 입자의 구분이 모호해진다. 파동 형태로 사방에 동시적으로 존재하던 소립자들이 막상 측정을 시작하면 입자로 변하면서 하나의 위치로 고정된다. 입자인가 하면 파동이고, 파동인가 하면 다시 입자가 되는 현상이다.

뉴턴 역학에서는 원인과 결과가 명확하지만 양자역학으로 들어가면 인과율마저 사라져 버린다. 책의 제목《부분과 전체》의 의미는 아마도 전체가 가지는 창발성을 가리키는 것으로 보인다. 사회는 인간 개개인이 모여 만들어진 집합이지만 사회라는 복잡계를 구성하고 나면 개개인 합 이상의 존재가 된다는 것이다.

큰 사건과 작은 사건, X이벤트 VS O링 이론

역사가들은 방대한 역사를 아주 그럴싸하게, 마땅히 그래야 하는 것처럼 설명한다. 그렇다면 왜 1천만 명이 죽은 1차 세계대전이나 9.11 테러, 아랍의 봄은 사전에 예측하지 못했는가?

사후적으로만 설명이 가능하다는 것은 정형화된 규칙성이 없다는 이야기이며 복잡계의 특징이기도 하다. 그렇다. 복잡계는 정형화된 규칙성은 없지만 대부분이 유사한 패턴을 반복하고 있다.

중국의 고대 역사를 보면 하나라, 은나라, 주나라의 몰락 패턴이 판박이처럼 똑같다. 하나라의 마지막 왕 걸왕은 말희라는 여자에게, 은나라 주왕은 포사에게, 주나라 유왕은 달기에게 빠져 폭정을 일삼고 주지육림 놀이를 하다가 나라를 잃었다.

복잡계는 평형 상태로 있을 때는 단순하고 안정적이지만 복잡성이 감당할 수 없을 정도로 증가하면 파국으로 이어진다. 이것이 존 L. 캐스티 박사가 주장하는 'X이벤트x-events'다. X이벤트는 왕조의 붕괴, 전쟁, 공황, 지진이나 산불과 같은 큰 사건을 가리킨다.

1차 세계대전은 복잡계가 조그만 충격으로 거대한 회오리를 일으킨 전형적인 사례다.

전쟁의 진원지인 세르비아는 오스트리아 지배하에 있던 나라였다. 세르비아 방문에 나섰던 황태자 부처가 세르비아 애국 청년의 총에 맞아 숨지는 사건이 일어났다. 현지 지리에 어두웠던 마부가 골목길을 잘못 접어드는 바람에 시간을 끌었고, 그 사이에 세르비아 청년 하나가 총격을 가한 것이다.

이에 오스트리아는 세르비아에 대해 보복을 다짐했다. 그러자 러시아는 슬라브계가 많이 살고 있는 세르비아 편을 들었고, 독일은 오스트리아 편을 들었다. 독일과 사이가 나빴던 영국과 프랑스는 러시아

편에 섰고, 터키가 독일 편에 섰다. 이것으로 1천만 명의 사상자를 낸 1차 세계대전이 발발한 것이다.

1986년 미국의 우주선 챌린저호가 발사 73초 만에 폭발하며 승무원 7명 전원이 사망하는 참사가 일어났다. 사후에 밝혀진 사고의 원인은 지름 1cm 정도의 'O'자 모양 고무링 하나가 불량이었다. 처음 발사 예정은 1월 22일이었으나 일곱 번을 연기한 끝에 28일에 발사되었다. 발사 당일은 날씨가 너무 추워서 발사대에 고드름이 생길 정도였다. 현장 전문가들은 발사가 어렵다고 상부에 건의했으나 더는 미룰 수 없다며 강행했다.

사고 원인을 찾아낸 사람은 아인슈타인과 함께 20세기 최고의 물리학자로 불리는 리처드 파인만이었다. 조사위원회의 일원으로 참석한 파인만은 우연히 식당 앞에 놓여 있는 얼음 물잔을 바라보다가 무릎을 쳤다. 챌린저호의 사고 원인은 동체 연결 부위에 장착된 고무 재질 O링이 추운 날씨에 얼어서 깨어진 게 아닌가 하는 생각이 들었기 때문이었다.

2월 11일은 조사위원회의 공청회가 생중계되는 날이었다. 방송이 시작되자, 파인만은 얼음물 속에 담아 두었던 O링을 꺼내어 쉽게 두 조각으로 갈라지는 모습을 생중계 화면으로 보여주었다. 이를 방송으로 지켜본 사람들은 경악했다. 어려운 설명 하나 없이 챌린저호의 참사 원인을 밝힌 것이다.

파인만의 교수법 또한 그러했다. 물리학이라는 딱딱한 분야를 아마추어도 알아들을 수 있을 정도로 쉽게 강의하는 것이 파인만의 스타일이었다.

챌린저호 사고에서 우리가 얻을 수 있는 교훈은 거대한 시스템이 붕괴되는 과정은 가장 약한 작은 부품 하나 때문에 일어난다. 복잡한 시스템일수록 디테일이 중요하다는 것이다. 이를 'O링 이론o-ring theory' 또는 '제약조건 이론theory of constraints'이라고 부른다.

존 캐스티 박사의 이론에 의하면 규모가 2배인 사건은 빈도가 1/2로 줄어드는 게 아니라, 2의 제곱인 1/4로 줄어든다.

아랍의 봄도 노점상 단속이라는 작은 사건 하나가 튀니지, 이집트, 예멘, 리비아 등 여러 나라의 정권을 전복시켰다. 2010년 12월 17일 튀니지의 중부 도시 시디 부지드, 대학을 졸업하고도 취직을 하지 못해 무허가 노점상으로 연명하던 26세 청년이 경찰의 단속에 걸려 바나나 7kg, 사과와 배 다섯 상자를 빼앗겼다.

여섯 명의 동생을 데리고 살아갈 길이 막연해진 그는 세 차례나 시청에 찾아가 선처를 호소했지만 허사였다. 그렇다고 부패한 경찰에게 뇌물을 바칠 형편이 되지 못했던 그는 자신의 몸에 기름을 붓고 불을 붙였다. 한 청년의 분신자살은 부패와 독재에 시달려온 시민의 분노에도 불을 질렀다. 흥분한 튀니지 시민들은 거리로 뛰쳐나와 23년간 철권통치를 해온 벤 알리 대통령을 축출하기에 이르렀다.

그러자 이 사건은 국경을 넘어 중동과 북아프리카 이웃 나라로 번져갔다. 이집트, 예멘, 리비아 등 철옹성 같았던 독재 정권들이 순식간에 붕괴된 것이다. 가다피의 40년 독재정권이 붕괴된 것도 이때였다. 시스템이 불안할 때는 작은 요인 하나로 시스템 전체가 붕괴될 수 있다. 그래서 큰 사건은 작은 요인에 의해 비롯된다는 것이다.

자기조직화, 새로운 질서를 만들다

러시아 출신의 벨기에 과학자 일리아 프리고진은 《혼돈으로부터의 질서Order out of Chaos》에서 카오스를 포함하여 모든 '비평형disequilibrium'은 질서의 근원이라고 말하고 있다.

동양의 지혜서 《주역》의 가르침과도 흡사하다. 양의 절정 속에는 음이 자리하고 있고, 음의 절정에는 양이 자리하고 있다.

칸트, 헤겔, 베르그송, 하이데거 등에도 능통했던 프리고진은 복잡계가 새로운 질서를 형성하는 과정을 자기조직화로 설명하고 있다. 평형으로부터 멀리 떨어져 있는 불안정한 비평형 상태에 미시적인 요동이 반복되면 안정적인 질서가 나타난다는 것이다.

강가에 있는 모래와 자갈을 유심히 살펴보라. 미세한 모래알들은 강에서 먼 곳에, 강에 가까워질수록 굵은 모래, 작은 자갈, 굵은 자갈 순으로 정교한 질서가 형성된다. 이들이 만들어내는 정교한 질서는 강물의 파도가 일으키는 요동에 의한 것이다.

트럭에 모래, 작은 자갈, 굵은 자갈을 싣고 비포장도로를 달리고 나면 모래는 가장 아래로, 굵은 자갈은 가장 위쪽으로 정연하게 배열된다. 트럭의 덜컹거리는 진동이 프리고진이 말하는 요동인 것이다.

프리고진은 "생명은 무생명의 요동이고, 파충류는 어류의 요동이며, 조류는 파충류의 요동이다. 인간은 포유동물의 요동이다."라고 말한다. 그것이 소산 구조이며 질서를 이루어가는 과정이 '자기조직화self-organization' 현상이다.

자기조직화란 하나의 시스템이 혼돈과 요동을 거치면서 새로운 평형, 새로운 질서를 만들어내는 현상을 말한다.

'베나르의 육각형benard cell'을 보자. 프랑스의 물리학자 앙리 베나르는 밑바닥이 평평한 냄비에 액체를 붓고 서서히 가열하면서 액체의 움직임을 관찰했다. 액체는 처음에는 바닥에서 위로 이동하는 일정한 열의 흐름이 생겨났다. 그후 아래위 온도 차이가 '임계치threshold' 이상으로 벌어지면 열 흐름은 갑자기 열의 대류로 대체되면서 분자들의 질서 있는 움직임이 나타난다. 이때 분자들의 모양이 '6각형'을 이룬다고 하여 발견자 이름을 따서 베나르의 육각형이라고도 부르기도 한다. 외부에서 가해지는 지속적인 열이 육각형 구조를 만들어낸 것이다.

러시아 출신 벨기에의 과학자 일리야 프리고진은 자기조직화와 소산 구조에 대한 이론으로 1977년 노벨 화학상을 받았다. 《혼돈으로부터의 질서Order out of Chaos》에서 그는 열린계에서 충분한 에너지가 지속적으로 가해지면 무질서로부터 질서가 생긴다고 적고 있다. 이때 생기는 질서가 자기조직화다. 프리고진의 자기조직화 현상은 그 이후 물리학, 화학, 생물, 사회학 혹은 생태학 등 여러 분야에서 연구되고 있다.

로버트 메이는 취락의 형성과 같은 사회적 현상 및 집단행동으로서의 경제 현상에도 자기조직화 현상이 적용된다고 지적하고 있다. 프리고진의 '자기조직화 이론self-organization'을 보다 큰 스케일로 전개한 사람이, 복잡계 과학의 선두주자였던 에리히 얀치였다. 얀치는 자기조직화 현상을 생명체의 진화뿐만이 아니라, 우주의 진화 과정에도 자기조직화 이론을 적용하고 있다.

자기조직화는 물리학적 혹은 생물학적 실체들이 내부적 요인들 사이의 상호 작용으로 일정한 패턴을 만들어가는 과정이다. 개미들은 아무런 중앙 통제장치가 없지만 집을 짓고 먹이를 운반하는 일을 훌륭히 수행해낸다. 서로가 의사소통을 하고 있는 것이다. 월드컵 축구 당시 광화문의 거리 응원이나 촛불집회도 자기조직화 현상의 하나다.

행동경제학

미국의 한 자선단체에서 가난하고 어려운 사람들을 자문해줄 변호사를 구하고 있었다. 그러나 가난한 비영리단체라 사례는 시간당 30달러밖에 지급할 수 없었다. 당연한 결과지만 그런 조건에 선뜻 나서는 변호사는 한 명도 없었다.

이에 고민을 거듭하던 단체장은 기발한 아이디어를 냈다. 돈이 아닌 '명예'를 치켜세워주자는 것이었다. 이렇게 광고를 했다.

'이 일은 오직 명예직일 뿐 봉사에 대한 사례는 없습니다.'

그러자 지원자가 몰려들었다. 시간당 30달러를 받으면 C급 변호사 취급을 받지만, 비영리단체의 명예직 변호사라고 하면 A급 변호사가 되는 것이다. 이를 경제학적으로는 해석이 안 되지만, 심리학적으로 해석하면 당연히 그럴 수 있다.

30달러를 받아서 C급 변호사가 되느니, 차라리 무보수로 일하면서 A급 변호사가 되는 게 낫다는 것이다. 아니면 자선단체 변호사임을 내세워 더 큰 사건을 맡을 기회도 생길지 모를 일이다. 또는 명성을 얻어 정계로 진출할 수도 있다.

이처럼 경제 행위도 비경제적인 요소들에 의해 영향을 받는 경우가 적지 않다. 즉 사람은 계산기만 두들기며 행동하지 않는다는 것이다.

비합리적인 인간의 경제 행위

자본주의의 대전제는 인간의 이기심과 그에 따른 합리적인 행동이다. 자본주의 이론을 탄생시킨 애덤 스미스는 《국부론The Wealth of Nations》에서 "모든 사람이 자신의 이익을 좇아서 합리적으로 행동하면 보이지 않는 손에 의해 시장의 질서가 유지되고, 결과적으로 모두에게 이익이 된다."라고 썼다. 상품의 효용가치와 가격을 비교하여 효용가치가 더 높을 때 거래가 이루어진다.

그러나 현실을 되돌아볼 때 과연 인간은 합리적인 존재인가 하는 의문을 지울 수 없다.

20세기 후반에 들어서면서 인간이 합리적인 소비 주체라는 애덤 스미스의 이론은 무너지기 시작했다. 사람들의 비합리적인 소비 행동을 설명하기가 점점 더 어렵게 된 것이다.

이성보다는 감성에 호소하는 상품들이 잘 팔리고, 명품은 가격이 비쌀수록 잘 팔린다. 우리나라의 명품 열풍은 이제 세계적인 명품기업들이 노리는 큰 시장이 되었다. 20대 여성이면 명품 하나쯤은 기본적으로 가지고 있다.

한 아르바이트 포털 사이트에서 대학생 131명을 대상으로 명품에 관한 의견을 조사했다. 결과는 응답자 세 명 중 한 명 이상은 1점 이상의 명품을 가지고 있었다. 나아가 아르바이트생들의 30% 이상이 명품 구매를 위해 아르바이트를 한다고 응답했다. 바야흐로 우리나라는 명품 공화국이다. 명동이나 강남 거리를 가면 3초, 5초 단위로 명품 가방이 지나간다.

사실 20~30년 전까지만 해도 인간의 경제 행동이나 선택은 당연히 이성적이고 합리적인 것으로 생각했다. 경제 행동뿐 아니라 인간의 거의 모든 행동이 이기적이고 합리적으로 이루어진다고 믿었다.

그러나 이제는 소비자를 합리적인 경제 주체로 가정해서는 풀릴 일이 아니다. 만약 인간이 오직 합리적인 판단하에 행동하는 존재라고 한다면 배우자를 고를 때도 합리적으로 접근해야 할 것이다.

진화론의 창시자 찰스 다윈은 결혼에 대해 나름 합리적으로 접근했던 것 같다. '결혼하는 게 좋으냐 독신으로 사는 게 좋으냐' 하는 문제를 놓고 많은 고민을 했다. 그는 일기장에 이렇게 적고 있다.

"물론 결혼을 하면 나쁜 점도 많다. 생활에 많은 제약을 받으며 의무적으로 돈을 벌어야 하고 전원생활도 즐길 수 없다. 그러나 장점도 많다. 나이 들어서 주름진 얼굴로 친구도 없이 비틀거리며 혼자 사는 것보다는 동반자인 아내가 옆에 있고 음악이 있고 여자의 잡담도 재미있지 않은가."

다윈은 항목마다 가중치를 부여하여 장단점을 비교하여 결혼하는 게 낫다는 결론에 이르렀다고 한다. 이런 합리적 접근 덕분인지 그는 결혼하여 10명의 자녀를 둘 정도로 다복했다.

그러나 모든 사람이 그렇게 접근하지는 않는다. 인간을 이기적인 존재로 가정한 것 역시 부분적인 진리일 뿐이다. 신문이나 뉴스를 보면 삯바느질이나 행상을 해서 모은 전 재산을 장학금이나 혹은 자신보다 못한 이웃을 위해 써달라며 쾌척하는 할머니들 이야기가 심심치 않게 실린다. 정작 자신은 먹고 싶은 것, 입고 싶은 것을 참으면서 모은 돈이다.

인간을 이기적 존재라는 가정하에서 보면 이들의 행동은 앞뒤가 맞지 않는다. 이 할머니들은 그래도 젊음이 남아 있을 때 자신을 위해 좋은 옷도 입고, 여행도 다니고, 맛있는 음식도 드시고 했어야 했다. 이것이 진정한 이기주의다.

즉흥적이고 충동적인 인지적 오류

2002년 노벨 경제학상은 프린스턴 대학 대니얼 카너먼 교수에게 돌아갔다. 그는 경제학자가 아니라 심리학자였다. 이례적인 일이었다. 그의 공로는 기존 경제학의 이론적 기반인 인간의 합리성 가설을 뒤엎은 데에 있다.

인간을 이기적이고도 합리적인 존재라고 가정한 경제학의 전제가 틀렸다는 주장이었다. 인간의 경제 행위는 그리 합리적이지 않다는 것이다.

카너먼 교수는 인간의 생각과 행동은 그리 합리적이지 않으며 다분히 편의적이고, 즉흥적이며, 충동적이라고 주장했다. 또 아무리 인간이 합리적이라 할지라도 불확실한 미래를 예측하는 데에는 한계가 있다. 이런 경우에는 합리적인 사고가 아니라, 주관적으로 편향된 사고로 생각하고 판단한다고 주장했다.

카너먼은《생각에 관한 생각Thinking, Fast and Slow》에서 당시 미국 최고의 투자금융회사 CEO의 사례를 들었다. 그 CEO는 모터쇼에 갔다가 포드자동차에 대해 강한 인상을 받았다. 그리고 포드자동차를 좋아하여 포드 주식 수천만 달러를 사들였다. 단지 포드 자동차가 마음에 든다는 이유 하나였다.

카너먼 교수는 행동경제학에서 인간이 재화에서 추구하는 것은 재화의 효용가치가 아니라 심리적 가치라고 주장한다. 그렇지 않다면 비쌀수록 잘 팔리는 명품의 존재를 설명할 길이 없다.

고전적인 경제학자들이 인간은 효용 가치를 추구하는 합리적인 존재로 보았으나, 카너먼과 같은 행동경제학자들은 인간이 온전한 이성으로 자신의 행위를 결정짓지 않는다고 말한다. 오히려 인간은 감정에 치우친 결정을 하며 오류투성이일 수 있다. 불확실성 속에서 내려지는 인간의 판단과 의사결정은 불확실할 수밖에 없다는 것이다.

우리가 생각할 수 있는 합리적인 의사결정이란 입수할 수 있는 모든 데이터를 분석 평가하여 내리는 결론이다. 그러나 이러한 접근 방식은 의사결정 과정에서 늘 무의식과 충돌한다.

1970년대 초, 카너먼 교수는 동료 트베르스키와 함께 불확실한 상황과 조건에서 이루어지는 판단과 의사결정에 관한 지배적인 경제 이론인 기대 효용 이론의 전제, 즉 인간의 합리적 판단에 대해 근본적인 의문을 제기했다.

여기서 나온 결론은 인지적 오류가 합리적 의사결정을 방해한다는 것이다. 인간은 불확실한 상황 속에서 판단을 내릴 때 확률이나 효용 극대화 이론을 동원하여 복잡한 계산을 하는 것이 아니라, 경험 법칙에 비추어 어림짐작과 같은 지름길을 선택한다. 그리고 이런 지름길은 대개 '인지적 오류cognitive errors'를 범한다는 것이다.

휴리스틱,
어림짐작으로 판단한다

이처럼 주먹구구식 셈법이나 직관적 판단, 경험과 상식에 바탕을 둔 단순하고 즉흥적인 추론을 '휴리스틱heuristic'이라고 부른다. 휴리스틱은 '찾아내다', '발견하다' 정도의 의미를 가진 그리스어다. 직관적 판단, 경험 법칙, 심리학에서는 즉흥적 추론 등의 의미로 사용되고 있다.

경험이 없는 상황이나 미래가 불확실한 상황에서는 논리적이고 합리적인 사고가 아니라, 비합리적이고 편향된 사고에 의존해 판단하고 선택한다. 이것이 휴리스틱이다. 우리말로는 '어림짐작' 정도가 적합한 용어로 보인다. 그렇다고 어림짐작이 항상 틀린다는 것은 아니다. 나폴레옹은 직관으로 전쟁 상황을 파악하고 명령을 내렸다.

휴리스틱에도 몇 가지 부류가 있다. 사물의 어떤 특징이나 속성만을 보고 전체로 확대해 버리는 것이 '대표성 휴리스틱representativeness heuristic'이다. 부분만 보고 전체를 판단해 버리는 오류다. 일상생활에서도 이런 대표성 휴리스틱은 쉽게 발견된다. 특정 지역 사람들은 이렇다더라고 하거나 장님 코끼리 만지듯 판단하는 오류들이다.

'가용성 휴리스틱availability heuristic'은 맨 처음 머리에 떠오르는 인상과 정보를 사용해서 판단해 버리는 인지 오류다. 여기에 속하는 대표적인 것이 '첫인상 효과primacy effect'다.

사람들은 대개 처음 만났을 때 받은 첫인상으로 그 사람 전체를 판단해 버리는 경향이 많다. 그 첫인상을 바꾸려면 많은 노력이 필요하다. 소설을 읽거나 영화를 볼 때도 앞부분이 인상적이고 강렬하면 그에 대한 평가를 좋게 내리는 경향이 여기에 속한다.

'가용성 편향'은 인상이 강렬할수록, 최근에 자주 접한 자료일수록, 쉽게 기억에 떠오를수록, 극적인 효과가 있을수록 먼저 인상에 떠올린다. 사람들은 그런 인상을 토대로 비합리적인 판단을 내린다.

정서 의존형 휴리스틱은 그냥 기분 내키는 대로 행동하는 경우를 가리킨다. 포드자동차 디자인이 마음에 든다고 포드자동차 주식을 대량으로 매입한 경우 등이 여기에 속한다.

또 위급 상황에서는 합리적으로 생각할 겨를이 없다. 이때는 이성이나 논리적 판단이 아니라, 충동적으로 남의 행동을 모방하는 경향이 있다. 이는 일종의 군중 심리로 다수가 가는 길이 안전할 것이라는 심리적 위안이다. 즉 외톨이가 되는 것에 대한 두려움 때문이다.

주식시장이 주기적으로 폭락을 반복하는 것은 다수의 사람이 자신의 판단이 아니라, 다른 사람의 행동을 집단적으로 모방하는 군중 심리 때문이다. 군중 심리는 '레밍 신드롬lemming syndrome'이라고 불리기도 한다.

레밍은 노르웨이와 북유럽 툰드라 지역에서 집단적으로 서식하는 설치류의 일종인데, 이들은 주기적으로 떼를 지어 자살하는 것으로 알려진 동물이다. 전형적으로 복잡계가 요동하는 모습이다. 학자들에 의하면 개체수가 불어나 먹이가 부족해지면 집단으로 이동하다가 절벽에 떨어지거나 호수에 빠져 죽는다고 한다.

이처럼 맹목적으로 선두를 추종하는 것을 레밍 신드롬이라고 부른다. 일종의 '편승 효과'다. 다수의 길을 따르면서 심리적 안정을 얻는다는 것이다.

1929년 10월 24일, 검은 목요일이라고 불리는 이날에 뉴욕 주식시장은 대대적으로 폭락하면서 경제 공황이 시작되었다. 이는 투자자들이 경쟁적으로 투매를 한 때문이었다.

인간의
판단

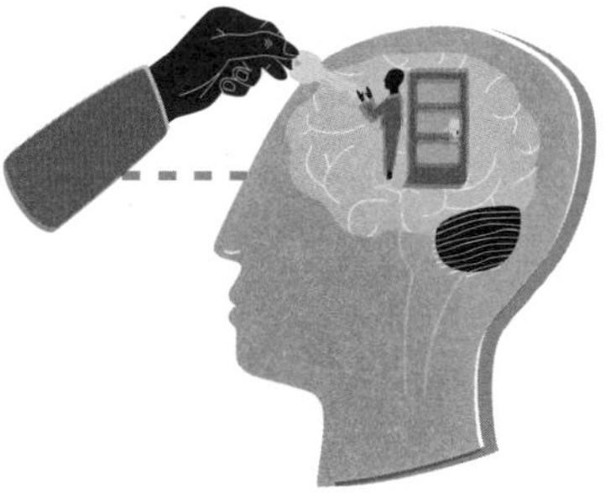

인도의 경면왕이 맹인들에게 코끼리의 모습을 가르쳐주기 위해 맹인들을 불러 모았다. 그리고는 맹인들로 하여금 코끼리를 만져 보고 모습이 어떤지 말하도록 했다.

상아를 만진 맹인은 무같다 했고, 귀를 만진 맹인은 키같다 했다. 머리를 만진 맹인은 돌같다 했고, 코를 만진 맹인은 절구통같다 했다. 다리를 만진 맹인은 기둥같다 했고, 배를 만진 맹인은 독같다 했다. 꼬리를 만진 맹인은 새끼줄같다 했다. 이를 고사성어로는 군맹무상群盲撫象이라고 한다.

맹인들은 모두 자신이 경험한 일부를 전체로 확대하여 해석하는 오류를 범하고 있다. 여기서 코끼리는 붓다를 가리키며 맹인들은 일반 다중을 의미한다. 보통 사람들이 부처님을 온전히 이해하기가 몹시 어렵다는 의미로 만들어진 이야기다. 모든 것을 경험하고 나서 균형 잡힌 시각으로 사물을 봐야 제대로 보인다.

인간의 눈과 귀와 머리는 믿을 게 못 된다

공자가 제자들과 함께 진나라로 가던 도중에 양식이 떨어져 일주일 동안 아무것도 먹지 못한 적이 있었다. 아끼는 수제자 안회가 겨우 쌀을 구해 와 밥을 지었다. 배가 고팠던 공자는 밥이 다 되었는지 궁금해서 부엌을 들여다보다가, 안회가 밥솥의 뚜껑을 열고 밥을 한 움큼 먹고 있는 모습을 보았다.

공자는 깜짝 놀랐다. 제자 가운데서도 도덕 수양이 가장 잘되어 아끼는 안회였기 때문이었다. 공자는 크게 실망하여 자신의 방으로 돌아갔다. 이윽고 안회가 밥이 다 되었다고 하자, 공자가 말했다.

"안회야! 내가 방금 꿈속에서 선친을 뵈었는데 밥이 되거든 먼저 조상에게 제사를 지내라고 하더구나."

밥을 몰래 먹은 안회를 뉘우치게 하려는 의도였다. 그러나 그 말을 들은 안회는 곧장 무릎을 꿇고 말했다.

"스승님! 이 밥으로는 제사를 지낼 수는 없습니다. 제가 뚜껑을 여는 순간 천장에서 흙덩어리가 떨어졌습니다. 스승님께 드리자니 더럽고 버리자니 아까워 제가 그 부분을 먹었습니다."

공자는 안회를 잠시나마 의심한 것이 부끄럽고 후회스러워 다른 제자들에게 다음과 같이 말했다.

"예전에 나는 나의 눈을 믿었다. 그러나 나의 눈도 완전히 믿을 것이 못 되구나. 그리고 나는 나의 머리도 믿었다. 그러나 나의 머리도 역시 완전히 믿을 것이 못 되구나. 너희는 보고 들은 것이 꼭 진실이 아닐 수도 있음을 명심하거라."

눈과 귀와 머리는 믿을 게 못 된다는 이야기다. 이탈리아의 한 교수가 고안한 가상의 설문이다.

"여기 고위 공직에 출마한 세 사람의 후보가 있다. 여러분은 누구를 선택하겠는가?"

세 후보에 관한 정보는 다음과 같다.

- **A 후보 :** 젊어서부터 술, 담배, 마약을 했던 불량소년이었다. 숨겨둔 여자와 자식이 있었다. 나중에는 다리가 불편해서 휠체어에 의존해야 했다.
- **B 후보 :** 어려서부터 말썽꾸러기 학생이었고 낙제생이었으며, 사관학교도 3수 만에 들어갔다. 줄담배를 피우고 술고래였으며, 괴팍한 성격이어서 사람들이 가까이하기를 꺼렸다.

• **C 후보 :** 독실한 신자였고 금욕주의자, 채식주의자였다. 술과 담배는 입에도 대지 않으며, 애국심이 강해서 전쟁에 나가 훈장을 받기도 했다.

설문의 결과는 C후보가 압도적인 지지를 받았다. A는 루스벨트, B는 처칠, C는 히틀러였다.

히틀러는 애국적이며, 도덕적이고, 금욕적이라는 측면에서 높은 평가를 받아 가장 바람직한 후보가 되었다. 한두 가지 사실만으로 전체를 인식하는 오류를 범한 것이다. 그러나 그는 그릇된 신념으로 2차 세계대전을 일으켜 6천만 명의 사상자를 낸 전쟁 주범이었다.

엉터리 논리학과 패러다임 시프트

논리학의 백미로 꼽히는 연역법이나 귀납법 또한 오류의 가능성은 언제든 가지고 있다. 18세기 영국 철학자 데이비드 흄은 귀납법의 오류 가능성을 처음 제기한 사람이다.

그는 이렇게 예를 들고 있다. 농부가 매일 아침 칠면조에게 먹이를 준다. 이것이 반복되면 칠면조는 사람을 절대 위험한 존재로 인식하지 않고 고마운 존재로 생각하게 된다.

그러면 그 믿음이 영원히 진리일까?

아니다. 11월 추수감사절에 식탁에 요리로 만들어지기 전까지만 진리인 것이다. 연역적 논리 구조는 단 하나라도 예외가 발견되는 순간 무용지물이 되고 만다.

> 모든 백조는 희다.
>
> A는 백조다.
>
> B도 백조다.
>
> C도 백조다.
>
> 따라서 A, B, C는 모두 흰 색깔이다.

그러나 17세기 호주에서 검은 백조가 발견되었다. 호주로 이주한 영국인들이 발견한 것이었다. 확률이 아주 낮기는 하지만 확률이 존재하는 한 언젠가는 나타나는 현상을 '블랙 스완black swan'이라고 부르기 시작했다. 2008년의 금융위기와 같은 경우다.

1910년 독일의 기상학자 알프레트 베게너는 찢어진 세계지도를 맞추어보다가 깜짝 놀랐다. 남아메리카 대륙의 동쪽 해안선과 아프리카 대륙의 서쪽 해안선이 정확하게 하나로 맞물리는 것이었다. 아메리카 대륙과 아프리카 대륙은 아주 먼 옛날에 하나의 대륙이었다는 이야기다.

이에 의하면 지구의 각 대륙이 거대한 판 위에 얹혀 있으며 이들이 끊임없이 이동한다는 것이다. 그는 오래전부터 '여러 대륙이 커다란 초대륙을 구성하고 있었으며, 그후에 갈라지면서 지금의 오대양 육대륙이 형성되지 않았을까' 하고 생각하고 있었다.

베게너는 오랜 지질시대를 통해 대륙이 천천히 이동했다고 주장했다. 그러나 그의 주장은 거의 모든 지질학자로부터 부정되고 외면되었다. 그의 이론은 수십 년간 사장되었다가, 1960년대에 들어서 판구조론의 일부로 부활했다.

21세기 들어 대기순환을 연구하기 위해 3차례나 그린란드를 방문했던 그는 1930년 마지막 탐사에서 사망했다.

과학사를 보면 늘 새로운 이론이 등장하여 기존의 이론을 뒤집는 형태로 발전하고 있다. 그러나 정설로 인정받기까지는 많은 세월이 걸린다. 《과학혁명의 구조The Structure of Scientific Revolution》를 쓴 토마스 쿤은 이런 형태의 발전을 '패러다임 시프트paradigm shift'라고 명명했다.

패러다임 시프트, 곧 사물과 세상을 보는 관점을 달리한다는 의미다. 날마다 동쪽에서 떠오르는 태양을 보고 태양이 지구의 둘레를 돈다고 생각하지 않을 사람이 누가 있겠는가. 그러나 진실은 지구가 자전하면서 태양의 둘레를 돈다는 것이었다. 지구가 돈다는 사실이 진리로 인정받기까지는 2천 년의 세월이 필요했다.

그러나 이도 모를 일이다. 어느날 은하계가 태양을 중심으로 회전하고 있다는 이론이 등장하여 정설로 굳어질지 아무도 모를 일이다. 그래서 토마스 쿤은 모든 과학 이론은 잠정적이라고 말한다.

고대 그리스나 중세 사람들이 천동설을 의심 없이 믿었다면 틀린 것일까?

아니다. 당시엔 천동설이 옳았고 지금은 지동설이 옳다는 것일 뿐이다. 아리스토텔레스 – 프톨레마이오스로 이어지는 천동설은 코페르니쿠스 – 갈릴레이 – 뉴턴으로 이어지는 지동설에 밀려났지만, 다음에 나타날지도 모르는 새로운 이론에 의해 얼마든지 뒤집어질 수 있다. 그래서 모든 진리는 '잠정적'이라고 말한다.

뉴턴의 운동 법칙은 아인슈타인에 의해 상대적인 것으로 축소되었고 상대성 이론 또한 양자역학에 의해 수정되지 않으면 안 되었다. 결국 상대성 이론은 빛이 다니는 우주 공간에 적용되는 이론이고, 뉴턴의 이론은 지구 위의 물체, 그리고 양자역학은 미시 세계에 적용되는 이론인 것이다. 진리는 아이들처럼 순수한 눈으로 세상을 보는 사람들에서 나온다.

토마스 쿤은 말한다.

"근본적으로 새로운 패러다임을 발견하는 사람은 아주 젊거나 아니면 그 분야에 아주 생소한 사람들이다."

한 분야에 오랫동안 몸담은 사람들은 이미 이전의 이론에 익숙해졌기에 오류를 깨닫기 어렵다는 의미다. 그러나 아마추어들은 고정관념이 없기에 기발한 상상을 할 수 있는 것이다.

세상에 어리석지 않은 사람은 단 한 명도 없다

정보와 지식의 부족, 욕심으로 어리석은 판단을 한다. 인간의 그릇된 판단은 잘못된 프레임, 아집, 편견, 욕심 때문에 일어난다. 기업가는 욕심에 눈이 어두워 자신에게 유리한 쪽으로 판단하기에 기업을 망치고 정치가들은 그릇된 신념 때문에 일을 그르친다.

노자는 '만족을 모르는 것보다 더 큰 재앙은 없다'고 적고 있다. 한비자는 '만족을 모르는 어리석음을 경계하라'고 했다. 세상사 거의 모든 불행은 만족을 모르는 데서 비롯되었다. 공자에게도 비슷한 구절이 나온다.

공자가 제자 안회에게 물었다.

"회야, 이리 오너라! 너는 집도 가난하고 지위도 낮은데 어찌 벼슬을 하지 않느냐?"

안회가 대답했다.

"저는 벼슬을 원하지 않습니다. 성 밖에 오십 이랑의 밭이 있어 죽은 먹을 수 있고, 성 안에 열 이랑의 밭에는 뽕나무와 마를 심어 옷을 만들어 입을 수 있으며, 거문고를 타며 즐길 수 있습니다. 또 선생님께 배운 도가 있어 스스로 즐길 수 있습니다. 그래서 저는 벼슬을 원하지 않습니다."

공자가 말했다.

“네 뜻이 참으로 훌륭하구나! 내가 듣기로 ‘만족할 줄 알면 이익 때문에 스스로를 해치지 않고, 스스로를 얻으면 재물을 잃어도 두려워 않으며, 수행되면 지위가 없어도 부끄러워하지 않는다’고 했다. 내 이 말을 외운 지 오래되었는데 지금 네 대답에 이 말이 실천되고 있음을 보았다. 너의 말을 들을 수 있는 것이 나의 복이다.”

확증 편향과 기억

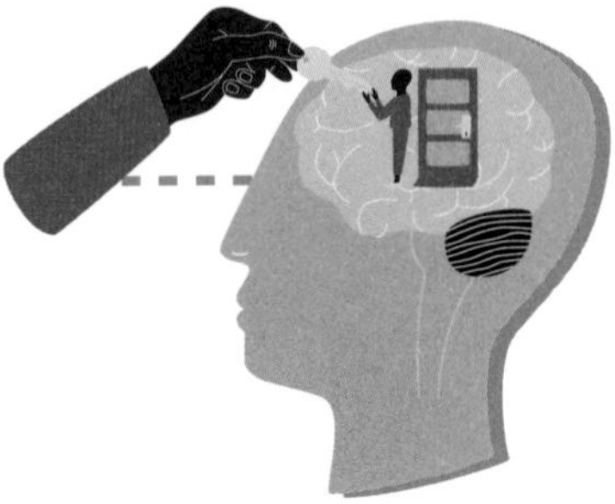

우리가 선택 상황에서 의사결정을 내릴 때, 잘못된 선택으로 이끄는 가장 큰 요인은 우리의 무의식에 잠재되어 있는 '확증 편향confirmation bias' 때문이다.

확증 편향은 자신의 신념이나 기대와 일치하는 정보는 쉽게 수용하지만, 신념과 어긋나는 정보는 그것이 아무리 객관적이고 올바른 정보라도 무시하거나 거부해 버리는 심리적 편향이다.

"거봐, 내 말이 맞잖아." 하면서 남의 말은 절대 안 듣는 똥고집을 말한다.

얼마나 인간은 변하는 게 어려운가

어떤 문제에 대한 의사결정을 할 때 사람들은 자신의 신념이나 생각, 주장을 확인시켜주거나 확증해주는 것으로 보이는 증거나 정보에 더 무게를 둔다. 그뿐만 아니라 그런 증거들을 더 잘 알아차리고, 더 잘 찾고, 더 활발하게 찾는다. 신문을 봐도 서점에 가도 그와 관련된 자료들만 유난히 눈에 잘 띄는 것이다.

이 무의식적 선택 편향인 확증 편향은 인간이 변하는 게 얼마나 어려운가를 설명해준다. 그리고 인간이 얼마나 자기중심적이며 또 얼마나 편견이나 선입견을 고치기 어려운가도 설명해준다.

이 확증 편향을 '프레임 효과frame effect'라고 부르기도 한다. 사람들은 각기 다른 색의 안경을 쓰고 세계를 보는데, 오직 그 안경으로 보이는 세상만 진실로 인정한다는 것이다. 그런데도 사람들은 자기는 절대 색안경을 쓰고 있지 않으며, 맨눈으로 공정하게 사실만 보고 판단한다고 착각한다. 그러나 그것은 새빨간 거짓말이다.

이 확증 편향은 우리의 무의식 깊은 곳에 숨어서 우리를 지배한다. 사사로운 일상생활에서부터 넓게는 삶의 가치관이나 종교, 정치적 판단과 선택에까지 깊게 영향을 미친다. 무엇보다 확증 편향이 과도해지면 공동체의 삶 자체가 위기에 처하게 된다.

한국에서 정치적 확증 편향의 문제는 심각하다. 한국의 정당들은 때로는 은밀하게, 때로는 노골적으로 이 프레임 효과를 이용한다. 국가의 미래와 구체적인 정책을 둘러싼 생산적인 토론은 실종되고 어리석은 색깔론과 이념 논쟁만 활활 타오른다. 언론들은 이런 싸움을 말리기는커녕, 오히려 앞장서서 부추긴다. 이에 덩달아 미디어와 정당들이 주도하는 프레임에 갇힌 국민들까지 가세하여 인터넷에서까지 혼탁한 싸움이 벌어진다.

상생의 정치는 사라지고 증오와 불신을 부추기는 권력 투쟁만 남는 것이다. 일상생활에서 정치에 이르기까지, 우리가 더 현명하고 객관적인 판단과 선택을 할 수 있으려면 자기 속에 있는 이 무의식적인 선택 편향에서 벗어나야 한다.

무의식의 명령에 복종하는 인간의 뇌

코끼리는 태어나면 다리에 쇠사슬을 묶어 기둥에 걸어 두면서 기른다. 답답함에 이를 벗어나기 위해 몇 번 시도해보지만, 곧 그게 불가능하다는 사실을 알아차린다. 그리고는 이를 숙명으로 받아들인다.

그러다가 어른 코끼리가 되면 쇠사슬을 풀어놓는다. 그래도 코끼리는 여전히 쇠사슬에 묶여 있다. 쇠로 만든 사슬이 아니라 마음의 쇠사슬인 것이다. 그래서 사람의 조종을 받으며 일생을 고단하게 살아간다.

이런 마음의 쇠사슬을 우리는 인습이라고 부른다. 자기 스스로 설정한 한계에 스스로 묶이는 것이다. 나를 포함하여 주위 사람들을 가만히 살펴보면 거의 모두가 마음의 사슬에 갇혀 살고 있다.

신경과학자들은 인간의 의사결정 과정에 두 개의 시스템이 작용한다고 말한다. 의식과 무의식 두 가지다. 의식은 현재의 상태를 나타내주는 계기판 같은 것으로 의식 자체만으로 사람을 움직이지는 못한다. 여기에 반하는 무의식은 인간의 욕망과 감정을 만들어내는 시스템이다.

우리 몸에 수분이 부족하면 무의식은 물을 마시라고 명령한다. 임산부들은 종종 특이한 음식을 먹고 싶어 한다. 닭발, 족발, 순대 등 평소에는 징그럽다며 쳐다보지도 않던 음식을 찾는다. 임산부의 영양에 부족한 성분을 찾는 것이다. 사랑도 거짓말이기는 마찬가지다. 소설이나 영화에서 보면 이런 대사가 나온다.

"자기, 날 사랑해?"

"물론이지!"

"왜?"

여기서 많은 이유를 나열할 수 있을 것이다. 그러나 모두 거짓말이라는 것이다. 사랑은 성욕에 뿌리를 두고 있는, 가면을 쓴 성욕이라는 것이다. 공자와 같은 고상한 철학자들은 사랑과 성욕을 다른 것이라고 주장하겠지만 그 뿌리는 같다. 우리 뇌에서 분비되는 성 호르몬 테스토스테론이나 도파민 같은 쾌락 호르몬이 우리의 뇌를 지배하면 사랑이라는 이름의 콩깍지가 씌이는 것이다.

우리의 의식은 이유를 갖다 붙이는 탁월한 소설가이며 위대한 거짓말쟁이다. 자신의 행동을 무의식의 명령인 줄 미처 알지 못한다. 그리고는 늘 자신의 행동에 대해 합리화한다. 무의식은 명령하고 의식은 합리화시키는 것이다. 이런 심리 구조를 심리학에서는 무의식적 편향, 즉 확증 편향이라고 부른다.

사랑과 종교는 닮은 점이 있다. 장애물이 많을수록 더욱 강렬하게 타오른다는 사실이다. 심지어는 죽음도 마다하지 않는다. 로미오와 줄리엣, 젊은 베르테르처럼 그 불같은 사랑에 장애물이 생길수록 오히려 감정은 더욱 격렬해지고, 마침내는 목숨을 버리는 결단도 서슴지 않게 된다. 모두가 무의식의 명령인 것이다.

뇌가 거짓 기억을 만들어낸다

엘리자베스라는 이름의 한 소녀가 엄마와 함께 수영장에 갔다가 엄마가 익사하는 사고가 일어났다. 그러나 엘리자베스는 물장난하느라 엄마의 죽음을 직접 목격하지 못했다.

30년이 지나 사람들이 사건 당일의 이야기를 자세히 들려달라고 부탁했다. 그녀는 처음에는 아무것도 기억하지 못했으나, 곧 기억을 회복하여 그날의 광경을 생생하게 들려주었다.

그러나 나중에 알고 보니 익사한 그녀의 어머니를 처음 발견한 사람은 그녀의 삼촌이라는 사실이 밝혀졌다. 즉 엘리자베스는 거짓 기억을 환상처럼 떠올렸던 것이다.

이 경우는 그녀가 거짓을 이야기한 것이 아니라, 그녀의 뇌가 거짓 기억을 만들어낸 것이다. 이 거짓 증언으로 그녀는 일약 유명인사가 되어 캘리포니아 대학에서 인지과학 교수가 되었다.

우리는 자신의 기억을 완벽하고 틀림없는 사실이라고 믿으면서 행동한다. 그러나 인지심리학자들에 의하면 "인간의 기억은 완전하지 않으며, 감정에 따라 경험과 기억이 달라진다."라고 말한다. 자주 회상하는 기억일수록 내용은 끊임없이 각색된다. 우리의 감정이 우리에게 유리한 방향으로 왜곡시키기 때문이다.

심리학자들에 의하면 사진처럼 박제된 기억은 없다. 사람들은 그때의 기억을 사진처럼 명확하다고 주장하지만, 사실이 아니다. 기억이란 끊임없이 편집되는 하나의 이야기다.

추억을 아름답다고 느끼는 것도 기억이 왜곡되었기 때문이다. 사실은 하나지만 자신에게 유리한 방향으로 왜곡시킨다. 시간이 지나면 그것이 점점 더 사실처럼 굳어진다.

우리는 흔히 아이들은 거짓말을 하지 않는다고 하지만 아이들은 뛰어난 거짓말쟁이다. 의식적으로 조작하는 것이 아니라 아이의 뇌가 그럴싸한 거짓말을 만들어내고, 아이는 그것을 사실처럼 믿는다는 것이다. 엄마의 관심을 받기 위해 형이 때렸다고 하는 등의 거짓말이다.

한 연구에 의하면 만 4살 된 아이는 2시간에 한 번꼴로 거짓말을 하며, 5살이 되면 1시간 30분으로 빈도가 줄어든다. 또 다른 한 통계에 의하면 6세 아이의 95%가 거짓말을 한다고 한다. 미국 사회심리학자 에번스에 의하면 아이들이 거짓말을 하는 것은 "자신이 원하는 것을 어떤 방식으로 얻을 수 있는지 탐구하는 과정이다."라고 말한다.

기억은 기록이 아닌 해석이다

텍사스 베일러 대학 찰스 위버 교수는 2001년 9월 11일에 있었던 9.11 테러에 대해 사람들의 인식을 물었을 때, 그때를 회상하면서 선명한 기억이라고 증언한 내용이 전혀 사실이 아니더라는 결과를 발표했다.

한 실험에서는 피험자들에게 〈유령들의 전쟁〉이라는 미국 원주민 전설을 읽게 한 뒤, 몇 년에 걸쳐 다시 떠올리게 하는 실험을 했다. 그랬을 때 전반적인 이야기의 골자는 맞지만 나머지 디테일한 부분은 피험자들에게 친숙한 기억으로 각색되어 있었다. 기억은 기록이 아닌 해석이라는 것이다.

콜럼버스가 신대륙을 발견한 것도 착각 덕분이라고 한다. 콜럼버스는 지구의 둘레를 거의 정확하게 계산했던 에라토스테네스의 계산이 틀렸다고 생각하여, 에라토스테네스의 측정값보다 반의반 정도로 작게 지구 둘레를 계산했다. 그에 따르면 지구의 반지름은 약 400해리로써 시속 3노트로 항해하면 한 달이면 도달할 수 있는 거리에 동방이 있다고 생각했다.

만일 대서양을 건너면 아메리카 대륙이 있고 아메리카 대륙을 넘으면 대서양보다 더 넓은 태평양이 있다는 것을 알았다면, 콜럼버스는 서쪽으로 항해해서 동방에 이를 수 있을 거라는 생각은 꿈에도 하지 않았을 것이다. 착각은 때로 위대한 성취자이기도 하다.

마인드 버그와 편견

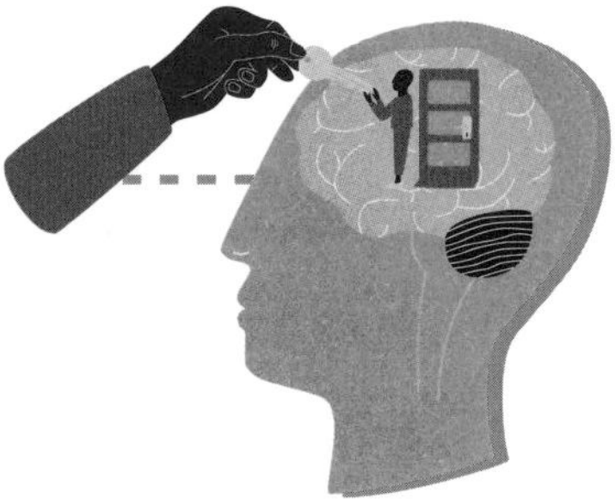

버그bug는 원래 '벌레'라는 의미를 가진 단어다. 그러나 지금은 주로 컴퓨터가 오작동을 일으키는 경우를 가리키는 용어로 많이 사용되고 있다. 오작동을 일으키는 컴퓨터 회로를 꼼꼼히 살폈더니 죽은 나방 한 마리가 끼어 있더라는 이야기에서 비롯되었다.

앤서니 G. 그린월드, 마자린 R. 바나지는 《마인드 버그Blindspot》에서 인간의 올바른 사고와 행동을 방해하는 요인을 '마인드 버그mind bugs' 라고 부르고 있다. 이에 의하면 우리의 마음속에 숨어 있으면서도 우리가 의식하지 못하는 편견과 고정관념이 대표적인 마인드 버그다.

자신이 경험한 한두 가지를 가지고 진리인 것처럼 확대해서 해석하는 것 역시 마인드 버그다. 그래서 사람은 정도의 차이일 뿐 편견과 고정관념이 없는 사람이 없다. 그래서 모든 사람은 오류로부터 자유로울 수 없다는 것이다.

새가 노래한다.
나무가 춤춘다.

시詩에서 이런 표현이 나오면 시인의 눈은 역시 섬세하다고 할지 모르나 이는 인간의 관점에서 보는 편견이다. 모든 시의 표현이 그러하다. 극단적으로 생각하면 세상에서 가장 아름답다는 '사랑'도 지독한 편견의 일종이다. 사랑에 빠지면 모든 것이 아름답게만 보인다.

사랑 중에서 가장 아름다운 사랑은 첫사랑이다. 누구에게나 첫사랑은 가장 아름다운 기억으로 남아 있다. 러시아 작가 이반 투르게네프는 자신의 자전적 소설 〈첫사랑〉에서 사랑은 홍역을 동반하는 슬픔이고 기쁨이며 절망이며 동시에 희망이라고 적고 있다. 그에 의하면 사랑에 빠지는 시간은 불과 0.2초라고 말한다.

많은 사람이 성공은 자신의 노력 덕분이고 실패는 운이나 다른 외부 요인 때문이라고 생각한다.

독일의 작가 롤프 도벨리는 《스마트한 생각들The Art of Thinking Clearly》에서 고등교육을 받은 사람들은 스스로 논리적이고 합리적이라고 믿지만 실제로는 아닌 경우가 더 많다고 지적한다. 교육이라는 것이 잘 못하면 그릇된 가치와 통념을 강화시키는 계기가 될 수도 있다는 것이다.

당신은 편견을 가지고 있습니까?

성性, 지역, 빈부, 학력과 같은 스펙 등의 요인에 의한 선입견도 편견이다. 모든 종교인은 자신의 종교만이 옳다고 믿는다. 지구상에 있었던 전쟁 중 상당수는 종교적인 편견 때문에 일어난 것이었다.

한 지하철 역사에서 젊은 남녀가 바이올린을 연주하고 있었다. 그들은 권위 있는 콩쿠르에서 입상한 유망주들이었다. 그러나 오가는 행인들 중에 그들의 연주에 관심을 가지는 사람은 별로 없었다.

다음날은 외국의 유명한 콩쿠르에서 입상한 천재 음악도라는 선전 문구를 걸어 두고 연주복을 입고 연주했다. 그러자 사람들이 몰려들기 시작했다. 경력에 편견을 보인 것이다.

미국 로스앤젤레스에는 '관용'이라는 이름의 박물관이 있다. 입구에 가면 "당신은 편견을 가지고 있습니까?"라고 묻는 말에 답을 해야 한다. "예."라고 대답하면 '예'라는 출입구로, "아니요."라고 대답하면 '아니요'라는 출입구로 들어가야 한다. 재미있는 것은 '아니요'의 출입구는 열리지 않는 문이다.

말콤 글래드웰의 《블링크Blink》에 나오는 이야기다.

디알로라는 청년이 있다. 그는 공부를 위해 미국으로 건너온 아프리카 출신의 흑인 청년이었다. 영어를 잘 못하는 그는 어느날 성폭행범을 추격하던 경찰과 마주쳤다. 경찰은 그에게 신분을 밝히라고 요구했다. 이 흑인 청년은 말없이 주머니에 손을 집어넣었다. 신분증을 꺼내기 위해서였다. 그러나 경찰은 그 청년이 총을 꺼내려는 행동으로 알고 총을 난사했다. 무려 41발이었다.

한 실험의 결과를 보면 경찰은 백인보다 흑인에게 2배나 많은 총을 쏘는 경향이 있다고 한다. 흑인에 대한 편견이 만들어낸 비극이다.

개인뿐 아니라 다수의 판단도 완벽하지 않다. 언제든 오류가 있을 수 있다는 이야기다. 다수의 판단에 치명적인 오류가 있다면 다수결을 근간으로 하는 민주주의도 흔들릴 수밖에 없다. 다수결을 근간으로 하는 투표 행위도 과학성을 의심받을 수밖에 없게 된다. 다수결에 의존하는 민주주의도 사실 차선책일 뿐이다.

노벨 경제학상 수상자인 케네스 애로우는 개인들의 선호에 대한 집합적 결론, 즉 사회적 선택이 가능한가를 묻고 있다. 그는 '사회적 선택 이론social choice theory'인 〈불가능성 정리impossibility theorem〉에서 민주주의의 대전제인 합리적 의사결정이 원천적으로 불가능하다는 사실을 수학적으로 증명했다.

인간은 이성적인 비합리적 존재다

현대 사회에서는 더욱 합리적인 판단을 내리기가 어렵다. 그래서 노벨 경제학상 수상자 대니얼 카너먼 교수는 "인간의 행동을 결정짓는 것은 논리와 같은 합리적인 요소가 아니라, 심리적 요소가 훨씬 더 중요하다."라고 주장한다.

카너먼 교수는 인간이 비합리적인 행동을 하는 이유에 대해 다음과 같이 설명한다.

"인간은 재화 자체가 아니라, 다른 사람을 기준으로 만족도가 달라지는 '준거 의존형 존재'이기 때문이다."

명품 핸드백이 나에게 꼭 필요해서가 아니라, 동료들이 쉽게 갖지 못하는 희귀품이기에 나만의 만족을 느낀다는 것이다. 명품의 가격도 그러하다. 가격이 비쌀수록 가격 변화에 둔감해진다는 가격 '민감도 체감성diminishing sensitivity 이론'이 그것이다. 사람은 갑자기 큰 단위의 거래를 하면 가격 감각이 사라진다. 그래서 명품은 비싸야만 잘 팔리는 것이다.

합리적 판단이라는 자신의 정보와 경험에 의해 옳고 그름을 가리는 것이지만 인간에게는 마인드 버그가 존재한다. 남들은 볼 수 있지만 정작 자신에게는 보이지 않는 '마음속 벌레'를 말한다. 풀어서 쓰면 '공정한 판단을 방해하는 내 안의 숨겨진 편향들'이다. 몇 번의 제한된 자신의 경험이 수백 번의 객관적 실험이나 관찰보다 더 강력한 심리적 요인으로 작용한다.

그렇다고 카너먼 교수가 인간의 이기심, 합리성을 완전히 부정하는 것은 아니다. 인간은 합리적일 수도 비합리적일 수도 있으며, 이기적일 수도 있고 이타적일 수도 있다는 것이었다.

그는 또 이렇게 말한다.

"경제에는 수학과 달리 합리성을 가지고 설명할 수 있는 부분은 한정되어 있으며, 많은 경우 경제 주체는 비합리적인 행동을 한다."

그리스 철학자 아리스토텔레스는 이렇게 말했다.

"인간은 이성적인 존재지만 합리적인 존재는 아니다."

처칠과 히틀러 두 사람은 2차 세계대전에서 서로를 적으로 맞아 싸운 신념의 사나이들이었다. 불도그처럼 생긴 처칠의 인상에서 고집불통의 사나이임을 엿볼 수 있다. 처칠은 전임 수상 체임벌린이 히틀러의 위장 평화 공세에 속아 전 유럽이 히틀러의 전차군단 앞에서 공포에 떨고 있던 시기에 수상에 취임했다. 이때는 이미 프랑스가 독일에 항복한 상태여서 영국으로서는 몹시 어려운 선택을 해야 할 시점이었다.

어느 시대나 대화 – 협상 – 평화로 이어지는 협상론자들과 대결 – 무력 – 전쟁으로 이어지는 전쟁론자들이 대립하기 마련이다. 여기서 처칠은 대對독일 유화론을 배격하고 단호하게 전쟁 불가피론을 주창했다. 히틀러에게 항복하느니 차라리 죽음을 택하겠다는 신념 하나로 전쟁을 승리로 이끌었다. 그리하여 그는 전쟁 영웅으로 추앙받고 있다.

히틀러 역시 불굴의 신념을 가진 사나이였다. 그는 금발에 푸른 눈을 가진 아리안족아리안의 일파가 게르만족임을 중심으로 세계의 질서가 재편되어야 한다고 믿었다. 또 1차 세계대전에서 독일이 패한 것은 공산주의자들과 유대인들 때문이라고 믿은 나머지 2차 세계대전을 일으켜 수백만 명의 유대인들을 잡아죽였다. 심지어 유대인과의 혼혈은 아리안족의 비극일 뿐만 아니라 인류의 비극이라고까지 생각했다. 잘못된 믿음이지만 그는 이를 철석같이 믿었다.

그러나 결국 독일은 패하고 말았다. 사람들은 처칠의 선택이 옳았다고 쉽게 말하지만 이는 결과일 뿐이다.

당위의 신념으로 그릇된 신념을 이긴다

편견이 없다는 것은 어떤 의미에서는 신념이 없다는 이야기가 된다. 처칠의 신념이라는 것도 잘못된 것일 수 있었다. 당시의 전황이 영국에 유리한 것만은 결코 아니었고, 독일과 협상을 하자는 세력도 만만찮았다.

그러나 처칠은 전쟁에서 반드시 이겨야 한다는 '당위'를 신념으로 삼은 데 반해, 히틀러는 아리안을 중심으로 하는 세계 질서의 재편이라는 그릇된 신념으로 일을 그르치고 말았다. 전세가 불리하게 전개되는 경우에도 처칠은 흔들리지 않았고, 영국 국민들에게 피와 땀과 눈물을 호소하면서 국민들의 지지를 이끌어냈다.

심리학 용어 중에 '확증 편견confirmation bias'이라는 게 있다. 이는 히틀러처럼 자신의 생각만이 옳다고 믿으며 보고 싶은 것만 보고, 듣고 싶은 것만 들으려는 심리를 말한다. 그리하여 반대 의견은 아예 외면해 버리는 것이다.

자신의 믿음과 현실이 다를 수 있다는 것을 인정하지 않으려 든다. 이런 사람들은 도중에 자신이 틀렸다는 증거가 나타나도 인정하지 않고 핑계거리를 찾아 자신의 행동을 합리화하거나 정당화시킨다. 우리말에 벽창호에 해당되는 고집불통을 가리킨다.

처칠이 반드시 이겨야 한다는 당위론으로 국민을 설득한 것이라면 히틀러는 자신의 생각만이 옳다고 믿어 반대 의견을 철저하게 무시했던 것이다.

확증 편견과 유사한 '휴브리스hubris'라는 것도 있다. 지나친 자신감이나 오만으로 인해 잘못을 저지르는 경우다. 초기의 성공에 들뜬 나머지 자신이 하는 일은 무조건 옳다는 심리 상태를 가리키는 심리학 용어다.

A형의 혈액형을 가진 사람은 어떠하더라고 일반화하는 경우나 특정 지역 출신들은 어떠하다는 식이 확증 편견에 속한다.

많은 사람이 채식주의자들은 성격이 온순하다고 믿는 것도 확증 편견 중의 하나다. 유대인 600만 명을 학살한 히틀러가 술과 고기를 입에 대지 않는 채식주의자였다는 사실을 접하면 고개를 갸우뚱거리게 되는 것이다. 이 역시 소수의 사례를 전체로 확대하는 편견이다.

많은 사람이 경험적 규칙을 검증할 비판 능력이 없기 때문이다. 그래서 네가 하는 일은 무조건 나쁘다는 딱지부터 붙이고 보는 것이다.

지금 세계 평화를 가장 위협하는 것은 범기독교 세력과 이슬람권의 대립이다. 이스라엘과 이슬람은 모두 유일신을 신봉하는 종교다. 두 진영은 여호와를 믿는 범기독교와 이를 지지하는 서방 세계 그리고 알라를 믿는 범이슬람권의 팽팽한 대립이다. 중동 전쟁, 9.11테러 모두가 이 두 세력 간의 갈등에서 비롯되었다. 화해를 위해서는 상대를 인정해야 하지만 그럴 경우 나의 설 자리가 사라지는 대립 구도다.

그러나 여호와 = 알라임을 안다면 화해가 가능할 것도 같지만 아직은 요지부동이다. 어쩌면 지구의 종말까지 이어질지도 모를 일이다.

결정 장애

'결정 장애indecisiveness'라는 용어는 저널리스트 올리버 예게스가 쓴 《결정 장애 세대Generation maybe》에서 처음 사용했다. 1980년대에 태어나 1990년대에 학창 시절을 보낸 젊은 층을 가리키는 용어로 사용하면서 널리 알려졌다.

그들에게는 확신이 없다. 그래서 그들이 가장 많이 하는 말도 "Maybe!"다. 우리말로 옮기자면 '결정 장애' 정도가 될 것이다. 이 세대들은 어떤 물음에도 분명한 대답을 잘하지 못한다. "글쎄." "아마도." "그런 것 같아."와 같은 모호한 말로 대답을 대신하는 경우가 대부분이다. 한 곳에 정착하지도 못하고 한 가지 일에 제대로 집중하지도 못한다.

기성세대는 이들에 대해 '나약하다', '우유부단하다', '결단력이 부족하다'고 비판하지만 예게스는 개개인의 나약함 때문이라기보다는 급격한 사회 변화에서 원인을 찾아야 한다고 말한다.

사회가 초고속으로 디지털화되면서 선택의 범위가 과거와는 비교할 수 없을 정도로 넓어졌기 때문에, 무언가를 결정하는 일이 그만큼 더 어려워졌다. 선택의 옵션이 많으면 오히려 결정에 장애를 일으킨다는 것이다.

지금 우리는 이전 세대와는 비교가 되지 않을 정도로 정보에 대한 접근성이 뛰어나다. 인터넷 매체를 비롯한 각종 소셜미디어를 통해 거대한 정보를 실시간으로 검색할 수 있다.

세계적인 경영컨설턴트 니콜라스 카는 기술이 발전할수록 인간은 무능해진다면서, 그 이유로 너무 많은 정보를 쉽게 구할 수 있어 그 정보를 내 것으로 만드는 과정이 도외시되기 때문이라고 진단하고 있다. 소위 원리를 깨닫는 데에 필요한 학습기간이 없다는 이야기다.

디지털 기술의 편리함 뒤에 불편한 진실이 숨어 있다. 생각하지 않고, 말하지 않고, 움직이지 않아도 되는 디지털 시대, 그것이 '아마도'에 해당하는 '메이 비 세대'라는 것이다.

무엇보다 결정 장애의 핵심 감정은 불안이다. 그리고 그 불안은 다가오지 않은 어떤 것에 대한 '두려움'이다. 곧 결정에 대한 두려움은 '결과에 대한 책임의 두려움'이다.

햄릿 증후군,
이러지도 저러지도 못한다

사람의 스타일을 크게 둘로 나눈다면 햄릿형과 돈키호테형이 있다. 햄릿은 이럴까 저럴까 생각이 너무 많아서 행동이 일어나지 않고, 돈키호테는 생각도 하기 전에 행동부터 하는 스타일이다. 셰익스피어의 희곡 〈햄릿〉에서 햄릿은 이렇게 말한다.

"사느냐 죽느냐 그것이 문제로다."

햄릿의 아버지 엘시노어 국왕이 갑작스러운 죽음을 맞이하자, 삼촌인 클로디어스가 왕위에 오른다. 그리고 곧 어머니 거투르드는 새로운 왕과 재혼한다. 시동생과 결혼을 한 것이다. 햄릿은 걷잡을 수 없는 혼란에 빠지고 만다. 아버지의 죽음이 삼촌과 어머니가 공모한 범죄로 보이지만 물증이 없다.

그러던 어느날 선왕인 아버지가 꿈에 나타나 자신을 죽인 클로디어스에게 복수를 해달라는 말을 남기고 사라진다. 기구한 운명의 햄릿은 내적인 갈등을 이렇게 독백으로 풀고 있다.

"기구한 운명의 화살을 맞고도 죽은 듯 참아야 하는가, 아니면 성난 파도처럼 밀려드는 재앙과 싸워야 하는가. 죽는 건 그저 잠자는 것일 뿐, 잠들면 마음의 고통과 육신에 따라붙는 무수한 고통은 사라지는가. 죽음이야말로 우리가 간절히 바라는 결말이 아닌가. 그저 칼 한 자루면 모든 것을 깨끗이 끝낼 수 있는데, 그 미지의 세계에 대한 불안 때문에 우리는 이 세상에 남아 현재의 고통을 참고 견디는 것이다. 결국 분별심은 우리를 겁쟁이로 만드는구나."

이처럼 이러지도 저러지도 못하고 방황하는 현상을 심리학 용어로 '햄릿 증후군hamlet syndrome' 혹은 결정 장애라고 부른다. 햄릿 증후군의 원인으로는 개인적인 측면과 사회적인 측면이 있다. 부모에게 의존하는 수동적인 환경에서 성장한 사람일수록 결정을 내리기 어려워하는 성격이 될 수 있다. 대학 졸업 후에도 부모에게 의지하는 부분, 정치에 대한 냉소 등이 그것이다.

온라인 기술의 발달도 햄릿 증후군의 확산에 영향을 미쳤다. 인터넷으로 대상에 대한 정보를 쉽게 얻을 수 있게 되면서 오히려 쉽게 결정하지 못하는 소비자가 늘었기 때문이다. 대량 생산으로 인해 소비자의 선택 가능성이 넓어진 것도 소비자의 햄릿 증후군과 연관이 있다. 정해진 비용 내에서 기회비용을 줄이기 위해 고민하다 보면 선택이 어려워지기 때문이다.

한국에서는 부모의 과도한 간섭이 오히려 결정 장애 세대를 만든다는 지적이다. 대학생이 되어서도 초등학생처럼 부모의 간섭을 받는 대학생이 많다. 대학 상담소에는 '부모가 너무 간섭해 힘들다'는 대학생들의 고민이 쏟아진다. 대학생이 된 자녀 주위를 헬리콥터처럼 빙빙 돌면서 일거수일투족을 통제하는 헬리콥터 부모들이, 자녀를 벼랑 끝으로 내몰고 있는 것이다.

스팍 선장의 합리적 결정과 나폴레옹의 꾸데이

영화 〈스타트렉〉에는 감정에 휘둘리지 않고 매 순간 냉철하게 생각하고 이성적인 판단을 내리는 일등 항해사 스팍의 이야기가 나온다. 스팍은 결정을 내릴 때마다 냉철하게 생각하고 행동하는 인물의 전형이다. 매사 감정에 휘둘리는 법이 없고, 냉철하게 생각하고 판단을 내리고 행동한다. 선택에 직면할 때마다 이해득실을 따져 합리적으로 결정을 내린다.

그는 새벽에 일찍 일어나거나 담배를 끊고 살을 빼는 것이 합리적이라고 생각하면 그날로 행동에 옮기는 사람이다. 그의 모습은 옛날의 현인들이나 공자 혹은 애덤 스미스가 가정한 인간의 모습과도 같다. 경제학이 가정하고 있는 인간상은 합리적이고 이기적이다. 오직 자신의 득실만 따져서 행동한다. 그러나 우리는 그런 사람을 현실에서 본 적이 없다. 그래서 경제학을 '규범적인 학문'이라고 말한다.

현실의 인간이 그렇다는 것이 아니라, 그렇게 행동하면 합리적인 인간이라는 것이다. 현실에서의 인간은 합리적이기보다는 직관적이며, 충동적으로 생각하고, 감정으로 행동하는 경우가 훨씬 더 많다.

수많은 전쟁을 치렀던 나폴레옹은 사전 계획이라는 것을 세운 적이 별로 없었다. 전장에 나가기 전에 지도를 보면서 몇 가지 싸움의 형태를 숙고한 다음, 전장에 나가 적진의 형세를 살펴보면서 작전을 지시했다. 이를 나폴레옹의 '꾸데이coup d'oeil'라고 부른다. 꾸데이는 '전문가의 직관' 정도로 번역되는 단어다. 냉철한 이성만이 올바른 길을 안내하는 게 아니라는 의미다.

인간의 논리나 합리적 사고라는 것은 언제든 틀릴 수 있다. 우리는 조삼모사朝三暮四의 고사를 읽고 원숭이의 어리석음에 웃을지 모르지만 인간도 별거 아니다. 사람에게 적용된 조삼모사의 사례를 보자.

무서운 전염병이 돌아 600명이 사망할 것이라는 예측이 나왔다. 정부는 두 가지 대책을 세웠다. 당신은 어느 것을 선택하겠는가?

A : 200명은 살린다.

B : 600명 모두 살릴 수 있는 확률은 1/3, 모두 살 수 없는 확률은 2/3이다.

이 설문에서 A안을 선택한 사람이 72%, B안을 선택한 사람이 18%였다. 그러나 위 두 문항은 같은 내용이다. 말의 뉘앙스에 속아 잘못된 판단을 내리고 있는 것이다. 원숭이를 비웃기에는 인간도 오십보백보다.

그리스 신화에 보면 아테네에 있는 델포이 신전은 원래 뱀의 형상을 한 가이아 여신의 아들 피톤이 차지하고 있었으나, 아폴론이 괴물을 활로 쏘아 죽이고 자신의 신전을 세워 그곳에서 신탁을 내렸다. 그러나 아폴론은 1년 중 3~10월까지만 그곳에서 신탁을 내렸고, 아폴론이 휴가를 가는 11~2월 동안은 술의 신 디오니소스와 그의 추종자들이 차지했다.

태양의 신 아폴론이 이성적인 존재라면 술의 신 디오니소스는 감성적이고 충동적인 존재다. 아폴론이 논리적이라면 술의 신 디오니소스는 다분히 감정적이고 즉흥적이고 충동적이다. 세상은 이 둘의 조화로 운행되고 있음을 암시하는 대목이다.

인간은 완벽하게 합리적이지도 않고, 언제나 감정적이고 충동적이지도 않다는 것이다.

기회비용과 매몰비용

어릴 적 읽은 이야기 중에 〈노부부의 소원〉이라는 동화가 있었다. 옛날 어느 마을에 마음씨 착한 가난한 노부부가 살고 있었다. 어느날 밤, 이들의 사연을 가엽게 여긴 천사가 세 가지 소원을 말하면 들어주겠다고 제의했다. 노부부는 기뻐했다.

이들은 세 가지 소원을 신중하게 결정하기로 하고, 새벽까지 고민했다. 새벽이 되자, 배가 고팠다. 할머니가 무심코 말했다.

"커다란 소시지나 있으면 구워 먹고 싶다!"

그러자 정말로 커다란 소시지가 떨어졌다. 소원 하나를 소시지와 바꾼 것을 안 할아버지는 버럭 화가 나서 말했다.

"그 소시지, 할머니 코에나 붙어라!"

그러자 소시지는 정말로 할머니 코에 붙어 버렸다. 깜짝 놀란 할머니는 제발 소시지가 코에서 떨어지게 해달라고 할아버지를 졸랐다. 결국 마지막 소원은 할머니 코에서 소시지가 떨어지게 해달라는 것으로 세 가지 소원이 끝났다. 엄청난 세 가지 소원이 겨우 소시지 하나로 끝난 것이다. 이 이야기는 선택의 어려움을 말해준다.

인생은 B와 D 사이의 C다

선택의 문제는 난해하다. 개개인 모두가 합리적인 의사결정을 내리더라도 사회 전체로는 비합리적일 수 있다는 문제에 직면하게 된다. 예를 들어 특정 의사결정은 개개인의 이익을 증진할지는 모르나 사회 전체적으로는 불이익이 발생할 수도 있다. 개개인의 선호의 합은 전체로서는 가장 바람직하지 않은 안일 수도 있다는 것이다.

프랑스 실존 철학자 사르트르는 이렇게 말하고 있다.

"인생은 B와 D 사이의 C다."

여기서 B는 Birth이고, D는 Death이다. 그리고 C는 Choice다. 곧 인생은 태어나서 죽을 때까지 선택의 연속이라는 말이다. 그러나 무언가를 선택한다는 것이 결코 쉬운 일은 아니다. 선택지가 많을수록 선택이 쉬울 거라고 생각하겠지만 사실은 정반대다.

어느 마켓에서 재미있는 실험을 했다. 처음에는 6가지 잼을 진열해 두고 고객들의 반응을 살폈다. 그러자 그곳을 지나던 고객 상당수가 그곳에 머물며 30%가 잼을 구입했다. 이번에는 잼 종류를 24가지로 늘렸다. 그랬더니 구매율이 3%로 떨어지더라는 것이다.

선택지가 많을수록
선택의 폭은 줄어든다

결혼 후보로 두 여자가 있다고 가정해보자. 한 여인은 두뇌가 뛰어나고, 다른 한 여인은 보기 힘든 미인이다. 어느 쪽을 선택할 것인가?

머리 좋은 여인에게는 똑똑한 2세를 기대할 수 있지만, 미인에게는 살아가는 동안에 즐거움이 있다. 둘 다 가질 수는 없기에 어느 하나를 선택하고 다른 하나는 버려야 한다.

선택에서 제외된 여인이 나에게는 '기회비용opportunity cost'이 된다. 기회는 있었지만 선택에서 배제된 효용이다. 주말에 데이트한다면 공부할 시간을 잃게 된다. 잃어버린 학습시간이 기회비용인 것이다.

기업가가 기업에 투자한 돈을 은행에 예금했더라면 이자를 받을 수 있다. 그 포기한 이자가 기업가에게는 기회비용이다. 재화의 가격은 객관적이지만 기회비용은 주관적이다. 사람마다 다르게 느낀다. 놓친

물고기가 아쉬운 것이다. 매몰비용은 166쪽에 자세히 설명되어 있다.

그렇다면 정말 놓친 효용이 정답일까?

아니다. 어느 쪽을 선택해도 대부분 후회하게 된다. 이를 수치로 보자. 대학을 막 졸업했다. 연봉이 5천만 원인 직장에서 당신을 고용하려고 한다. 그런데 당신은 그 직장도 좋지만, 평소에 꿈꾸던 유학을 가서 2년 더 공부하고 싶다. 만일 2년 유학비용으로 1억 원이 든다고 할 경우, 유학을 선택할 때 치러야 하는 기회비용은 1억 원이 아니다. 2년 동안 직장생활을 할 때 얻는 수익 1억 원을 포함한 2억 원이다. 그런데 일반적으로 사람들은 모든 선택에는 반드시 기회비용을 치러야 한다는 것, 특히 대가나 희생이 따른다는 것을 잘 염두에 두지 않는다.

당신은 2억 원의 기회비용과 미래의 불확실성을 감수하면서도 유학을 갈 것인가? 아니면 확실한 직장과 연봉을 선택하고 유학을 다녀옴으로써 얻게 될 다른 기회, 즉 더 좋은 직장과 연봉 그리고 빠른 승진 가능성 등을 포기할 것인가? 아니면 최소한 2년 동안 직장생활을 하면서 유학비용을 모으고, 좀 더 확실한 방법을 찾을 때까지 유학을 미룰 것인가?

합리적인 의사결정이 가능할 것 같지만 현실에서는 그리 간단한 문제가 아니다. 위의 사례에서 설사 집안 형편이 유학 자금을 지원할 수 있을 만큼 넉넉하다고 하더라도 만일 당신에게 지극히 사랑하는 애인이 있고, 그 애인이 유학을 반대한다는 조건이 하나만 더 붙어도 판단은 훨씬 더 복잡하고 어려워진다.

과연 그와 같은 조건에서 어떤 대안이 당신의 '기대 효용'을 극대화하는 최선의 선택일까? 아무리 체계적이고 논리적으로 사고하는 사람이라 하더라도, 실제 현실에서 저런 선택 상황에서 사전에 어느 대안이 최선인지 결정지을 수 있을까?

의사결정의 고전적 모델은 대부분의 의사결정자가 실제로 어떻게 하는가를 묘사하기 위한 모형이라기보다는 지나치게 이상적이고 비현실적인 경우가 많다. 그 이유는 이렇다.

첫째, 실제 현실에서는 어떤 선택과 결정을 하는 데 무한한 시간이 주어지지 않는다. 대부분의 중요한 문제에서 결정을 미루며 시간을 질질 끌 수 없다.

둘째, 아직 경험해보지 못한 선택 대안들에 대한 모든 중요한 정보들을 완전하게 확보하는 것은 불가능하다. 당신이 알지 못하는 숨은 정보들 가운데 정말로 중요하고 결정적인 정보들이 있을 수 있다.

셋째, 특정한 주관적 조건 속에서 가능한 모든 선택 대안들이 가진 기회비용과 예상 가능한 결과들을, 객관적으로 모두 계산해내는 것은 사실상 불가능하다. 미래는 불확실하고 너무 많은 예측 불가능한 변수들이 끼어들어 작동하기 때문이다.

미래의 모든 대안과 가능성을 모두 계산하는 건 인간 지성의 영역을 넘어서는 일이다. 그래서 운명의 영역인 것이다.

율리시스의 계약

율리시스는 옛날 그리스 신화에 나오는 오디세우스다. 오디세우스는 트로이의 목마를 만들어 트로이를 정복했다. 그러나 전쟁에서 승리한 오디세우스는 고향으로 돌아오기까지 10년 동안 방랑과 모험을 경험한다. 그 이야기가 호메로스의 〈오디세이아〉다.

"모든 서양 문학에는 '호메로스'가 들어가 있다."라는 극찬을 받을 정도로, 호메로스는 〈일리아스〉와 〈오디세이아〉의 저자다. 이 두 장편 서사시는 서양, 특히 유럽 문화의 근간을 이루는 출발점이자 문자로 기록된 최초의 문학 작품이다.

현재의 나를 묶어 미래의 나를 살린다

오디세우스가 지나는 시칠리아섬 근처에는 세이렌이라는 바다의 요정이 살고 있었다. 세이렌은 사람의 얼굴과 새의 몸을 가진 바다의 요정이다. 아름다운 노랫소리로 뱃사람들을 매혹시키고 그렇게 홀린 뱃사람들이 넋 놓고 있는 중에 배를 난파시킨다.

호기심이 강한 오디세우스는 세이렌의 노래를 듣고 싶었으나 그것은 대단히 위험한 일이었다. 자신은 물론 선원들 모두가 죽을 수 있는 위험이 도사리고 있었기 때문이다. 여기서 오디세우스는 선원들의 귀를 모두 밀랍으로 막게 하고서 자신의 몸을 돛대에 꽁꽁 묶게 했다. 그리고는 선원들에게 자신이 아무리 발악을 해도 절대로 풀어주지 말라고 명령했다.

마침내 세이렌의 노랫소리가 들리기 시작했다. 돛대에 묶인 오디세우스는 자신을 풀어달라고 선원들을 구슬리고 협박하기도 했지만 선원들은 그를 끝내 풀어주지 않았다. 그리하여 일행은 무사히 시칠리아섬을 벗어날 수 있었다. 그러나 유혹에 실패한 세이렌은 바다에 빠져 스스로 목숨을 끊었다는 이야기가 오디세이아의 줄거리다.

여기서 '율리시스의 계약ulysses contract'이 나온다. 이를 심리학에서는 스스로 자신을 구속하기 위해 계약하는 것을 율리시스의 계약이라고 부른다. 즉 현재의 내가 미래의 나를 통제하는 것이다.

사람들은 율리시스의 계약에 약하다. 저축성 예금이나 보험이 그러하다. 미래에 대한 불안 때문에 돈을 마음대로 쓰지 못하도록 나를 묶어줄 일종의 돛대가 필요한 것이다. 미래의 행복을 빌미로 현재의 고통을 요구하는 이런 율리시스 계약은 우리 주변에 아주 흔하다.

다이어트도 일종의 율리시스 계약이다. 맛있는 음식과 체중감량 사이에서 언제나 갈대처럼 흔들린다. 자산관리나 건강관리라는 이름으로 현재의 나를 묶어 미래의 나를 살리려는 것이다.

스스로 나를 구속하는 심리

듀크 대학 경제심리학자 댄 애리얼리는 수업을 받는 학생들을 대상으로 재미있는 실험에 착수했다. 학기 말 과제물로 세 개의 리포트 주제를 주었다.

그리고는 클래스 A에게는 세 개의 리포트를 각각 언제, 언제, 언제까지 제출하라고 마감 날짜를 못 박았다. 반면 클래스 B에게는 언제 내든 상관없이 학기가 끝나기 전까지만 제출하라고 했다. 결과는 클래스 A의 리포트 성적이 클래스 B보다 훨씬 높았다.

애리얼리는 다음 실험을 이어갔다. 그는 또 다른 클래스 C학생들에게도 역시 세 개의 리포트 주제를 주었다. 그리고 첫 번째 리포트는 언제까지, 두 번째는 언제까지, 세 번째는 언제까지 낼 것인지를 학생들이 자율적으로 정해서 제출하라고 했다. 대신 자신이 정한 마감 날짜를 어기면 감점하겠다고 말해주었다.

만약 학생들이 완벽하게 이성적이고 합리적이라면 제출 날짜를 최대한 뒤로 미루어 세 리포트를 모두 학기 말까지 내겠다고 할 것이지만 학생들은 그렇게 하지 않았다. 대부분의 학생은 누가 시키지도 않았는데 학기를 대충 3등분한 다음 3분의 1이 지날 때마다 리포트 한 편씩을 내겠다고 스스로 정했다.

나중에 다른 반과 비교해보니 클래스 A보다는 조금 성적이 떨어졌지만, 그래도 클래스 B보다는 훨씬 우수한 성적을 거두었다.

율리시스의 계약은 정신질환을 앓고 있는 사람이나 말기 암 환자가 미래에 어떻게 돌변할지 모르는 자기 자신을 계약으로 묶어 두기 위해 사용하기도 한다. 정신분열증 환자라면 증세가 심각해지면 이성을 잃어 어떤 일이 벌어질지 모르는 상태가 된다. 그래서 미리 계약서에 "내가 발작을 하거든 강제로라도 나를 입원시켜달라."고 적어 공증을 받는 경우다. 알코올 중독자를 치료하는 의사들은 퇴원 시 각서를 쓰게 한다. "다시 술을 마시게 되면 두말하지 않고 입원하겠습니다."라는 내용이다.

이것이 경영학에도 도입되어 투자자들에게 율리시스의 계약을 서약하게 한다. 변동이 심한 장세에 성급하게 행동하지 않겠다는 약속을 하게 한다는 것이다.

개념적 소비

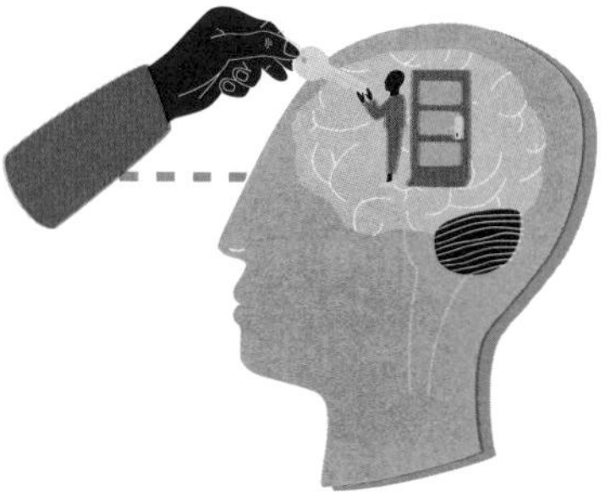

하버드 대학에서 재미있는 심리 실험을 했다. 여름휴가에 대한 선호도 조사였다.

"여름휴가를 맞아 플로리다의 특급호텔에서 바다를 보며 아름다운 풍광을 즐기는 것과 캐나다 퀘벡에 있는 얼음집 중에서, 여러분은 어디를 선택하겠는가?"

당연히 많은 사람이 풍광 좋은 플로리다의 특급호텔을 선택할 것으로 생각할 것이다. 그러나 천만에다. 설문에 답한 피험자 대부분은 퀘벡의 얼음집을 선택했다. 이 경우는 휴가를 즐기는 게 아니라, 휴가 동안 특이한 경험을 하고 싶은 것이다.

2011년 3월, 일본 후쿠시마 해역에 규모 9.0의 지진과 해일이 발생하여 주거지는 물론이고 많은 산업과 기반시설이 파괴되었다. 이로 인해 도쿄 전력에서 운영하는 원전이 고장나 방사능이 누출되면서 빗물과 지하수로 스며들어, 일본 동부 해안은 일반인들이 몹시 꺼리는 지역 중 하나가 되었다.

이때 한 여행사가 기발한 여행 상품을 내놓았다. 휴가 동안 피해를 본 후쿠시마를 방문하여 구호활동을 돕자는 내용이었다. 의외로 많은 사람이 참여했고, 잠자리도 마땅찮은 곳에서 봉사에 나섰다. 그것도 꽤 비싼 돈을 내고서 말이다.

비싼 돈을 지불하고 고생을 소비한다

이를 어떻게 해석해야 할까?

자기 돈 내고 위험 지역을 가서 봉사활동을 한 사람들 말이다. 이들은 여행한 것이 아니라, 자칫 위험할 수도 있는 체험을 돈을 주고 구입한 것이다.

하버드 대학 아낫 키난 교수는 이를 '개념적 소비conceptual consumption' 라고 이름 지었다. 요즘은 북극이나 남극을 찾는 관광객들도 많다고 한다. 스키나 겨울 스포츠와는 상관이 없다. 이들이 추구하는 것은 지구온난화로 인해 녹아내리는 극지방을 사라지기 전에 한 번 체험하고 싶은 것이다. 고생스럽더라도 남들이 하지 못한 특별한 경험을 하고 싶은 게 인간이다. 이들이 소비하는 것은 특별한 '개념'이다. 스스로 즐기는 개념적 소비라는 것이다.

요즘 젊은이들이 배낭 하나 메고 인도, 티베트, 스페인 산티아고의 순례길을 떠나는 것은 특별한 경험을 사기 위함이다. 그래서 쓰나미가 휩쓸고 간 동남아시아, 지진으로 많은 사람이 목숨을 잃은 아이티, 허리케인이 휩쓸고 간 뉴올리언스, 유대인의 강제 수용소, 9.11테러의 현장 등에 관광객들이 끊이지 않는 것이다.

스토리와 개념을 소비한다

세계 초일류기업 구글에서 판매하는 것은 무엇일까?

아마도 많은 사람이 얼른 대답하지 못할 것이다. 이처럼 미래의 첨단 상품은 형체도 없는 무형의 상품들이다. 디지털 상품, 콘텐츠, 서비스 등이다. 이들은 형체도 없지만, 원가도 없다. 거의 무한대로 이익을 창출할 수 있는 분야가 무형의 상품이다.

다음으로는 스토리를 가진 유형의 상품이다. 골동품을 보자. 효용만 따지자면 아무런 가치도 없지만, 여기에 스토리를 붙이면 귀한 상품으로 둔갑한다. 600년 전 세종대왕이 사용했던 은수저는 수억 원을 호가할 것이다. 이의 가치는 오직 스토리다.

커피 한 잔을 마시더라도 생산된 과정을 따지고, 고기 한 점을 먹어도 축사에서 가두어 기른 가축인지 자연에서 방목으로 기른 가축인지를 구분한다. 우리나라의 경우 목장에서 방목으로 기른 한우, 무항생제 돈육 등 이른바 자연 친화적인 먹거리는 2016년 26.2%에서 2017년 55%로 빠르게 성장하고 있다.

요즘에는 게임과 기부를 결합하는 개념 소비도 등장하고 있다. 다문화 가정을 돕기 위한 목적으로 게임장을 개설했는데, 3시간 만에 목표치를 넘었다고 한다. 게임 중 획득한 게임 재화 일부를 기부하는 것이다. 한 쇼핑 포털에서는 새로운 형태의 기부문화를 열어가고 있다. 소비자가 상품을 살 때마다 금액 일부를 이웃돕기 기금으로 기부하는 방식이다.

허영과 애호,
베블런 효과 VS 스놉 효과

경제학의 아버지 애덤 스미스에 의하면 시장 가격은 수요와 공급에 의해 결정된다. 수요가 많아지면 가격이 오르고, 가격이 오르면 수요가 줄어들어 균형을 이룬다. 공급도 마찬가지다.

그러나 특정 상품의 경우에는 가격이 오르면 오히려 수요가 증가하는 현상을 보인다. 경제 이론에 의하면 다이아몬드의 가격이 상승하면 수요가 줄어들어야 하지만, 허영심을 자극하게 되어 오히려 수요가 늘어난다는 것이다. 이를 '베블런 효과veblen effect'라고 부른다.

미국의 경제학자이자 사회과학자 소스타인 베블런이 《유한계급론The Theory of the Leisure Class》에서 소개한 내용이다. 여기서 그는 "상층계급의 두드러진 소비는 사회적 지위를 과시하기 위해서 자각 없이 행해진다."라며 과시적 소비 행태를 비난하고 있다.

이와 유사한 것으로 '밴드왜건 효과band wagon effect'라는 것이 있다. 무작정 남을 따라서 이루어지는 모방 소비를 가리키는 말이다. 수백만 원을 들여 비싼 외제 유모차를 구매하는 젊은 엄마들이나 무조건 유명 외제 브랜드를 찾아 나서는 청소년들의 소비 행태가 밴드왜건 효과다.

'악대차 효과'라고도 한다. 선도 차량에서 나팔을 불면 모두가 뒤따르는 행태다. 베블런 효과가 과시적인 소비 행태라면 밴드왜건은 무조건 유행을 따르는 행태라는 점에서 좀 더 대중적이다.

베블런이나 밴드왜건 효과와는 달리 과시를 싫어하는 소비 행태로 '스놉 효과snob effect'라는 것이 있다. snob은 '도도하다, 고상한 척하다' 정도의 의미다. 이들은 남의 행태를 모방하지 않음은 물론이고, 의도적으로 유행을 피하는 부류들이다. 일단 유행을 선도해놓고서 다른 사람들이 이를 모방하면 정작 자신은 좀 더 새로운 것으로 옮겨 간다.

1950년 미국의 경제학자인 라이벤슈타인이 제기한 개념으로 스놉 효과 혹은 '백로 효과'라고도 부른다. '나는 백로, 너희 까마귀들과는 다르다'는 뉘앙스를 풍긴다. 이를 추구하는 소비자들은 특정 상품에 대해 소비가 늘어나면 자신들은 외면해 버리는 상품들이다.

이것이 좀 더 발전하면 애호가 클럽이 된다. 이들은 할리데이비슨을 타고 달리다가 맞은편에서 동료들을 만나면 내려서 뜨거운 포옹을 나눈다. 그냥 반가움에서다. 할리데이비슨은 세계에서 충성심이 가장 강한 브랜드일 것이다.

미국 젊은이들의 소원은 할리데이비슨을 타고, 할리데이비슨 특유의 굉음을 즐기며, 무한의 속도로 질주하다가 순간적으로 죽는 것이다. '죽는다'는 것이 조금 극단적인 표현이지만 그들은 할레데이비슨을 죽을 정도로 사랑한다는 이야기다.

할리데이비슨을 중심으로 뭉친 이들은 의식주, 라이프스타일이 일반 사람들과는 완전히 다르다. 이들은 오토바이와 관련된 아이템은 물론 온몸에 할리데이비슨 문신을 새기고 자신들과 라이프스타일을 공유하는 사람들만의 상품을 구입한다. 이들의 아지트는 다른 사람들의 눈길을 피해 구석진 골목 허름한 건물 2, 3층에 마련되어 있다. 일반인들에게 노출되기 싫은 것이다.

집단사고와 집단지성

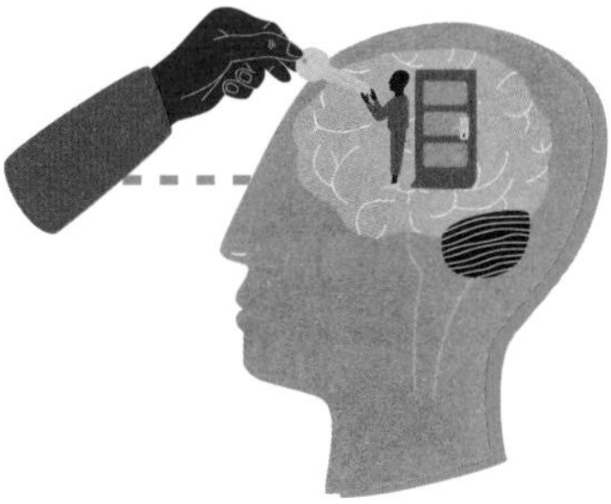

천재들만 모인 집단은 슈퍼 천재가 되는가?

결론은 "아니요."다. 케네디는 피그만 침공 실패로 미국 역사상 가장 무능한 대통령이 될 뻔했다가, 쿠바 미사일 위기를 해결하면서 역사상 가장 훌륭한 대통령 중 하나가 되었다.

쿠바가 카스트로 혁명으로 사회주의 국가가 되어 소련과 행보를 함께하자, 당시 대통령 아이젠하워는 쿠바를 전복시킬 계획을 수립했다. 작전의 핵심은 쿠바를 탈출한 망명인 1,300명을 쿠바로 침투시켜 쿠바를 전복시킨다는 계획이었다. 이들이 쿠바로 침투하면 반카스트로 세력이 합세하여 쿠바 정부를 전복시킬 수 있을 거라고 믿었다. 그러나 이 계획은 아이젠하워의 임기가 만료되는 바람에 후임 케네디에게 바통을 넘겨주었다.

얼떨결에 숙제를 받은 케네디는 참모들에게 이 계획을 다시 검토하게 했다. 참모들은 거의가 하버드 출신으로 케네디의 선후배들이었다. 참모들은 만장일치로 찬성했고 CIA도 성공을 장담하는 분위기에 휩쓸려 케네디는 이를 승인했다.

1961년 4월 17일, 이들이 피그만에 상륙하자마자 피그만에는 10배의 쿠바군이 기다리고 있었다. 결국 200명이 사살되고 나머지는 포로로 잡혔다. 미국은 이들을 데려오느라 다시 5천만 달러 상당의 돈을 써야 했다.

결국 같은 성향의 사람들이 모여서 토의하면 만장일치의 답이 나온다는 것이다. 그래서 반대가 없는 만장일치가 가장 위험하다.

집단극단화, 만장일치가 가장 위험하다

여러 사람이 모여 집단을 이루면 이들의 성향은 여성화되면서 동시에 과격해진다. 곧 어느 한 극단으로 쏠리게 된다는 것이다. 어느 종교를 봐도 맹렬한 신도들은 거의가 여성들이다. 사회도 집단으로 보면 극단으로 치솟는 경향이 있다.

우리나라에서 있었던 무료급식 문제를 보자. 초등학교 전면 무료급식을 조례로 의결하자, 여론은 두 개로 갈라졌다. 참교육의 실천이다, 망국적 포퓰리즘이다.

이런 논란 속에 한나라당에서는 대학 등록금 반값 방침을 내놓았다 당시는 한나라당이 집권당이었다. 원래의 안은 소득 수준 50% 이하의 계층 자녀에게 장학금을 주자는 것이었다. 이것이 등록금의 50%까지 지원하겠다는 것으로 변질되었고, 학생들은 모든 학생이 반값 등록금 혜택을 받는 것으로 인식했다. 그러자 민주당에서는 한술을 더 떠서, 반값이 아니라 전면 무상이어야 한다고 나섰고, 당장 5천억 원의 추가 예산을 편성해야 한다고 주장했다. 논의가 길어지자, 학생들은 등록금 전면 무상을 외치며 나섰다. 다중이 모이면 여론은 어느 한 쪽으로 치닫게 되는 집단심리를 설명하는 사례다.

MIT 대학 심리학 교수 제임스 스토너는 이를 '모험적 이행risky shift'이라는 용어로 설명하고 있다. 개인적으로 의견을 물어보면 중도적인 비교적 온건한 의견을 가진 사람이라도 집단으로 논의에 참여시키면 과격하고 극단화된다는 것이다. 모든 사안에는 찬반이 없을 수 없다. 찬성 쪽의 의견이 많은 상태에서 만장일치를 요구하면 찬성 쪽으로 의견이 모인다는 것이다.

회의라는 것도 극단으로 치닫는 집단심리를 이용하는 경우가 많다. 의사결정자들은 회의를 빙자해서 자신의 의견을 관철한다. 표면적으로는 자유로운 의사개진이 허용되는 것처럼 보이지만, 리더가 강력하게 자신의 의견을 밝히고 나면 반대는 급속도로 줄어든다. 결국 리더의 뜻대로 결정된다는 것이다.

심리학자들은 이의 원인이 무엇인지 오랫동안 고민을 거듭했다. 심리학자들은 "자신과 의견이 맞는 사람들과 어울리다 보면 반대편 사람의 의견에 귀를 기울일 여유가 없어진다."라고 말한다.

집단사고의 함정, 아폴로 신드롬

하버드 출신의 뛰어난 인재들이 왜 이런 실수를 저질렀을까?

이 작전이 실패하자 예일 대학 심리학자 어빙 제니스는 전 세계 어느 나라보다 최고의 정보력, 군사력, 조직력을 가진 미국이 또한 최고의 전문가 집단이라고 할 수 있는 백악관 참모진들이, 어떻게 이런 엉터리 같은 의사결정을 하게 되었는지 알아내고자 백악관의 의사결정 과정을 심리학적으로 분석했다.

그 결과 응집력이 높은 집단일수록 종종 엉터리 같은 결정을 내린다고 결론 짓고, 이를 '집단사고의 함정'이라고 명명했다. 당시 회의에 참석했던 슐레진저는 이렇게 말하고 있다.

"말도 안 되는 작전을 당장 그만두라고 말하고 싶었으나 회의 분위기에 눌려 한 마디도 하지 못했다."

집단사고가 이뤄지는 그룹에 속한 사람들은 자신들이 편한 쪽으로 이끌어가려고 한다. 또한 집단사고가 일어나는 동안 반대자들을 바보로 보기도 하며, 혹은 조직 내의 다른 사람들을 당황하게 하거나 화를 낸다. 집단사고는 조직을 경솔하게 만들며, 불합리한 결정을 내리며, 주변 사람들의 말을 무시하며, 조직 내에서 소란을 일으키는 것을 두려워한다.

집단사고로 인해서 세계사에선 여러 가지 일들이 발생했는데, 대표적인 사례가 앞서 언급한 미국의 피그만 침공 실패, 챌린저 우주왕복선 폭발 사고 등이 있다.

동질적인 사람들이 집단을 이루어 의견을 내면 집단주의가 형성된다. 집단사고는 폐쇄성, 완벽한 순응, 외부 세계에 대한 도덕적 우월성으로 나타나게 된다. 그리하여 내적 갈등에도 불구하고 의문은 사라지고, 결국 만장일치를 이루어낸다는 것이다.

응집력이 높은 집단일수록 더욱 그러하다. 쿠바 미사일 위기가 터지자, 케네디는 다시 위원회를 소집했다. 그러나 이번에는 이질적인 인사들로 위원회를 구성했다. 출신 학벌, 소속 부서 등 그리고는 이들에게 계급장을 떼고 토론하도록 했다. 같은 부서에서 차출된 상관과 부하도 맞장 토론을 할 수 있는 분위기를 만들어주었다.

여기서 나온 결론이 쿠바 봉쇄였고, 이것이 소련의 항복을 받아내면서 케네디는 일약 미국의 영웅으로 부상했다.

똑똑한 인재들이 모여 바보가 되는 것을 '아폴로 신드롬apollo

syndrome'이라고 부른다. 집단사고로 부르기도 한다. 우수한 인재 집단이 높은 성과를 낼 것으로 생각하기 쉬우나, 실제로 아폴로 팀의 전반적인 성과가 별로 우수하지 않은 것으로 나타났다. 실제 뛰어난 자들만의 조직은 정치 역학적인 위험을 가지고 있다.

집단사고의 함정은 이라크 전쟁에서도 발견된다. 2004년 미국은 이라크 전쟁에 대한 경위서를 작성했다. 이라크에 대량 살상무기가 존재한다는 것이었다. 부시와 토니 블레어는 이를 바탕으로 이라크 전쟁을 시작했다. 그러나 이라크에서 대량 살상무기는 발견되지 않았다. 결국 부시와 토니 블레어는 근거 없는 이유로 전쟁을 한 꼴이 되고 말았다.

그러나 어느 누구도 책임을 지지 않았다. 이 문제는 집단의 책임이라는 이름하에 '선의'였던 것으로 마무리되었다. 이를 피하기 위해서는 개연성에 반대하는 반대자가 집단 내에 존재해야 한다.

집단지성의 산물, 위키피디아

아폴로 신드롬과는 반대로 잡다한 인재들이 모여 천재가 되는 것이 '집단지성'이다. 다수의 개체가 서로 협력하거나 경쟁을 통하여 얻게 된 지적 능력의 결과로 얻어진 집단적 능력을 일컫는 말이다.

여러 사람이 써 내려가는 위키피디아 같은 경우가 집단지성의 산물이다. 위키피디아는 누구나 참여할 수 있고 가장 권위 있다는 브리태니커 백과사전보다 3배나 많은 정보가 수록되어 있다. 지식의 총아라고 보면 맞을 것이다. 2001년에 시작된 위키피디아에는 100만 건이 넘는 자료가 등록되어 있다. 지금도 매일 1,700여 건이 등록되고, 870만 회가 조회되고 있다. 집단사고의 허점을 피하기 위해서는 협력하고 경쟁하는 것이 필요하다.

영국의 프랜시스 골턴은 소수의 엘리트가 사회를 발전시킨다는 집단사고의 신봉자였다. 똑똑한 사람 몇이면 어렵고 복잡한 문제도 해결할 수 있다는 의미다. 그러다가 나중에는 집단지성을 옹호하는 사람이 되었다.

그는 이렇게 말한다.

"다수의 군중이 훨씬 더 똑똑한 판단을 한다."

소수의 천재보다는 무지한 다수가 서로 소통하면서 내리는 결론이 사실에 가깝더라는 것이다. 골턴이 생각을 바꾼 데에는 하나의 사건이 있었다.

어느날 살찐 소 한 마리를 두고 이의 무게를 맞히는 문제가 나왔다. 800명이 답을 썼다. 골턴은 이들이 써낸 답의 평균을 내보고는 깜짝 놀랐다. 800명의 답은 다양했지만, 평균을 내본 결과 1,197파운드로 실제의 무게 1,198파운드와 거의 일치하더라는 것이다. 이는 집단지성이 집단사고보다 뛰어나다는 설명에 자주 인용되는 내용이다.

집단사고는 자칫하면 일을 크게 그르친다. 우선 집단사고에 대처하기 위해서는 다음 몇 가지를 유념해야 한다.

1. 제안된 문제에 대해 자유롭게 비판할 수 있는 분위기가 조성되어야 한다. 리더 자신이 특정 의견이나 견해에 편향되어서는 안 된다.
2. 제도적으로 건설적인 비판자가 존재해야 한다.
3. 모든 구성원이 집단사고를 경계하도록 훈련되어야 한다.

GM의 알프레드 솔론 회장은 사양길에 오른 GM을 다시 정상으로 올라서게 한 기업인이다. 그는 직원들의 발언을 오랫동안 경청하면서 솔론 자신은 가장 마지막에 짧게 발언했다. 집단사고가 형성되는 것을 꺼렸던 그는 직원들 호칭도 이름이 아닌 성으로 부르게 했다. 직장 내에서 서로 OO 형, OO 아우라고 부르면서 친소 그룹이 형성되는 것을 꺼렸기 때문이다.

구글 역시 조직문화를 파괴하고 있다. 그중 하나가 직원들에게 대학 캠퍼스나 벤처회사와 같은 분위기를 돌려준 것이다. 이것이 무한한 상상력을 자극하는 촉진제인지도 모를 일이다. 아이디어는 넥타이를 매고 딱딱하게 전개되는 회의 석상에서 나오는 게 아니라, 커피 한 잔을 들고 벤치에 앉아 담소하는 중에 떠오른다.

익명과
루시퍼 효과

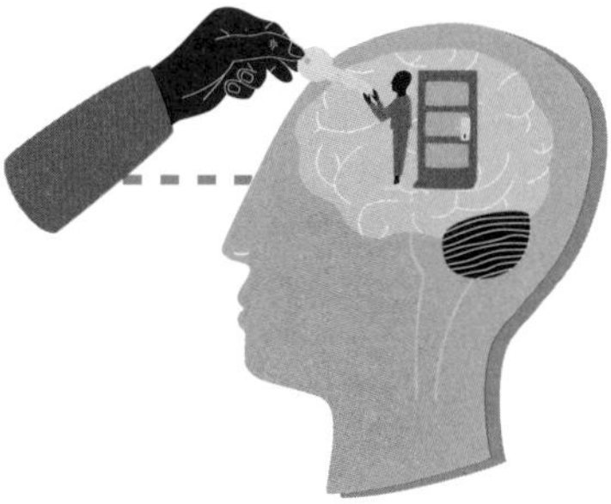

내가 그의 이름을 불러주기 전에는

그는 다만

하나의 몸짓에 지나지 않았다.

내가 그의 이름을 불러주었을 때

그는 나에게로 와서

꽃이 되었다.

〈하략〉

김춘수 시인이 1952년에 〈시와 시론〉에 발표한 시詩 〈꽃〉의 일부다. 이름을 가지면서 의미 없는 몸짓에서 하나의 의미를 가진 존재, 즉 주체적인 존재가 된다는 의미다.

길을 걷다가 우연히 마주치는 이름 모를 꽃과 이름을 알고 "아, 애기똥풀이 참 이쁘구나." 하는 것은 의미가 다르다. 전자가 피동이라면 후자는 능동이다.

익명의 말과 행동은 양날의 칼

이름이 없는 경우를 익명이라고 부른다. 이름이 있고 없는 것에 따라 사람의 행동이 다르다.

그 차이를 보자. 조선조 세종은 귀족들만 사용할 수 있었던 고려 분청자기를 누구나 사용할 수 있도록 허락했다. 그러자 전국에서 조잡한 가짜 분청자기들이 등장하여 물을 흐리고 있었다.

보고를 받은 세종은 분청자기를 만드는 사람의 이름을 자기 아래에 새기도록 명했다. 그러자 시장의 질서가 바로 잡혔다. 자신의 이름을 걸고 만드는 상품이니 엉터리로 만들 수 없었던 것이다. 그것이 요즘으로 말하면 '브랜드'다. 이름의 위력이다. 대장장이를 영어로는 'Smith'로 쓴다. 기량이 걸출했던 한 대장장이의 Smith라는 이름이 한 분야를 대표하는 대명사가 된 것이다.

이름이 없는 익명의 말과 행동은 양날의 칼이다. 선의로 사용하면 한없이 귀하지만 악의적으로 사용하면 사람을 죽음으로 내몰기도 한다.

연말이면 빠지지 않고 등장하는 뉴스 중 하나가 익명의 기부자들이다. 자신의 이름을 밝히지 않고서 불우한 이웃을 위해 써달라며 선뜻 거금을 내놓는 사람들 말이다. 익명을 가장 좋은 의미로 사용하는 천사들이다. 이렇듯 익명은 선행에 사용되면 사람들에게 큰 감동을 준다.

그러나 익명의 다른 측면은 '나'를 감춘 상태에서 이루어지는 말과 행위이기에, 무의식적인 욕망과 폭력성을 동반하는 경우가 훨씬 많다. 세상에 법이 없고 스포츠에 규칙이 없다고 할 때 사람들이 저지를 수 있는 행동을 상상해보면 이해가 쉬울 것이다. 강도들도 복면을 하고 나면 훨씬 더 대담해진다고 한다. 자신의 얼굴이 노출되지 않기 때문이다. 살인 사건이 일어났다. 시신을 살펴보니 신체 부위가 여러 곳 훼손되었고, 특히 얼굴을 알아볼 수 없을 정도로 난자당했다. 범인은 누구일까?

프로 파일러는 알고 있다. 피해자와 아주 잘 아는 가까운 사람이다. 얼굴을 잘 아는 사람일수록 더욱 잔인하게 죽인다는 것이다. 이것이 익명의 세계다.

인터넷은 익명의 바다다. 이름을 숨기고 마음껏 서핑할 수 있는 비밀의 바다인 셈이다. 온라인 카페를 서핑하다 보면 익명의 게시판은 온통 욕설, 비방, 음담패설, 언어폭력이 난무하고 있다. 익명이 보장되는 가상의 공간에서는 자신을 통제하기가 현실에서보다 어렵다. 오프라인에서 억눌렸던 잠재된 욕망이 익명의 공간에서 분출되기 때문이다.

수사관들의 말을 빌리자면, 인터넷 공간에서 온갖 악플을 달고 조폭처럼 행동하는 사람들을 잡고 보면 그리도 착한 사람들이어서 놀란다고 한다. 이른바 익명의 공간은 해방 공간인 셈이다.

익명은 미운 놈 죽이기에도 유용한 수단이다. 누군가에 의해 조작된 의견이 다수 사람의 견해인 것처럼 나돌면서 무고한 사람을 죽음으로 내몰기도 한다. 한 해에 악플에 시달리다 못해 자살을 택하는 연예인이나 유명인들이 빈번한 인터넷 환경이다.

여론도 일종의 익명이다

〈터널〉이라는 소설을 보면 여론이라는 이름으로 자행되는 다중의 폭력을 엿볼 수 있다.

소설 〈터널〉의 남자 주인공은 지방에 있는 원자력 발전소에 근무하는 엔지니어로 주말부부다. 마침 딸아이의 생일을 맞아 케이크와 선물을 자동차에 싣고 집으로 가던 주인공은 터널이 무너지면서 그 안에 갇히게 된다. 부실 공사 탓이다. 남자는 자동차 시동을 걸어 라디오를 듣고 남은 휴대전화 배터리로 하루 5분 동안 부인과 통화할 수 있었다.

처음 사회 분위기는 그가 생환하기를, 빠른 구조를 바라는 여론이었다. 그러나 구조가 길어지고, 그를 구조하기 위해서는 거대한 암반을 뚫어야 한다는 현실의 벽 앞에 사회 분위기는 식어 간다. 휴대폰 배터리마저 닳아 없어지면서 부인과의 통화도 끊어지게 되고, 마침내 남자의 생사도 불분명한 상태가 된다.

그러자 사회 분위기도 식어 구조 작업을 중단해야 한다는 목소리가 높아졌다. 아내는 남편을 살려야 한다며 동분서주했지만 사회 분위기는 오히려 아내를 이기주의자로 몰아 비난했다.

이에 절망한 아내는 남편이 살아있다면 듣고 있을 것으로 생각하고 라디오를 통해 메시지를 보냈다. 살아있지 않기를 바라지만 살아있다면 우리 모녀를 위해 죽어달라는 내용의 메시지였다. 메시지를 받은 남편은 차에 불을 질러 자살을 선택한다.

후일 터널 재개통 작업 과정에서 남편의 유서가 발견되고, 주인공이 부인의 메시지를 듣고 자살한다는 정황이 알려졌다. 그러자 이제 여론은 기다렸다는 듯이 아내를 마녀 재판으로 내몬다. 이에 견디지 못한 아내는 번개탄을 피워 딸과 함께 자살한다. 여론의 무책임함을 보여주는 짧은 단편 소설이다.

상황이 인간의 본성을 이긴다?

심리학 용어 중에 '루시퍼 효과lucifer effect'라는 게 있다. 루시퍼는 빛을 내는 자 혹은 샛별이라는 의미로, 신으로부터 가장 사랑을 받던 천사였지만 오만으로 하나님에게 반기를 들었다가 천상에서 추방되어 사탄이 된 존재다.

또는 아담과 이브에게 선악과를 따먹으라고 유혹한 자가 바로 루시퍼라는 주장도 있다.

루시퍼는 훌륭한 인격을 가진 존재였지만 동시에 추악한 모습도 가지고 있었다. 선한 모습을 하고 있는 인간에게도 반드시 악한 모습이 어딘가에는 숨어 있다는 것이다.

헤르만 헤세의 성장 소설 〈데미안〉에서 아브라삭스라는 신의 이름이 나온다.

"새는 힘겹게 투쟁하며 알에서 나온다. 알은 새의 세계다. 태어나려는 자는 한 세계를 깨뜨려야 한다. 새는 신에게로 날아간다. 신의 이름은 아브라삭스다."

아브라삭스는 영지주의gnostik파 신으로 머리는 수탉, 몸은 인간, 다리는 뱀의 모습으로 선과 악을 한 몸에 지니고 있다.

스탠퍼드 대학 심리학자 스탠리 밀그램과 필립 짐바르도는 인간이 선한 모습으로 행동하느냐, 악한 모습으로 행동하느냐 하는 것은 인간의 본성이 아니라 '상황'이라고 보고 있다. 평범한 사람을 죄수와 간수로 나누어 역할 분담을 시켰더니 시간이 갈수록 간수는 포악해지고 가학적으로 변해갔다. 완장을 차면 달라진다는 것이다. 즉 선량한 사람이 악마로 변하는 것은 본연의 인간성이 아니라 '상황'이라는 주장이다.

유대인 6백만 명을 포함하여 수많은 사람을 학살했던 나치인들 모두가 원래부터 악한 사람들이었을 리는 없다. 아이러니한 것은 현대적이고 구체적인 '동물보호법'을 만든 사람이 히틀러였다는 사실이다.

게슈타포나치 독일의 비밀경찰를 창설하는 등 악명이 높은 헤르만 괴링은 1933년 라디오에 나와 "동물들은 참을 수 없는 고통과 실험을 경험하고 있다. 나는 신중하고 묵묵히 생각했다. 죽어가는 동물을 지속적으로 대우하겠다."라고 밝히기도 했다.

스탠리 밀그램의 가설처럼 평범했던 보통 사람들이 특수한 상황에서 악마로 변했던 것이다. 〈악의 상황 이론situational theory of evil〉을 쓴 리 로스는 이렇게 말한다.

"나는 한 개인의 비도덕적인 행위가 그의 고정된 도덕적 특성 때문이라고 생각하지 않는다. 언제, 어디서, 누구와 함께 있는가 하는 점이 훨씬 더 중요하다."

도플갱어,
인간은 누구나 가면을 쓰고 있다

아주 옛날, 하나님이 나쁜 인간들을 멸하기 위해 큰비를 내리기로 했다. 비를 내리기 전, 하나님은 노아에게 일렀다.

"노아야, 큰 방주를 하나 마련하라. 그리고 배가 완성되거든 모든 동물을 한 쌍씩 태워라."

방주를 완성한 노아가 외쳤다.

"곧 배가 뜹니다. 빨리 타요, 빨리!"

모든 동물들이 제짝을 하나씩 데리고 배에 올랐다. 다만 한 녀석, 선善이라는 녀석이 허둥대느라 짝을 잃어버리고 말았다. 하는 수 없었던 선은 악惡을 데리고 승선했다. 악은 겉모습만 봐서는 선과 구별이 안 될 정도로 닮았기에 노아도 깜빡 속았다.

그래서 지금도 사람들은 속기 쉽다. 선인가 하고 보면 악인 것이다. 선과 악은 다른 개체가 아니라 동전의 앞뒤처럼 한 몸을 가진 존재다. 그래서 때로는 선한 면을, 때로는 악한 면을 보이는 것이다.

사람을 뜻하는 영어 단어 PERSON은 그리스어 PERSONA에서 유래되었다. 이는 그리스어로 '가면'을 뜻한다. 즉 인간은 가면을 쓴 존재라는 의미다. 가면을 쓰면 악한 존재가 되고 가면을 벗으면 선한 존재가 된다.

그 반대인지도 모르겠다. 이중적인 인간, 혹은 이중적인 인격을 가진 존재를 '도플갱어doppelganger'라고 부른다. 이는 어떤 사람과 똑같이 생긴 다른 사람, 혹은 그의 환영을 뜻하는 말로 인간의 본성에 숨어 있는 이중성을 상징하는 상상의 존재다. 동일한 시간, 동일한 공간에서 자신이 자신을 보고 있는 듯한 환상을 가리키는 말이기도 하다.

피카소의 그림 〈뜨개질하는 여인〉은 뜨개질하는 애인의 모습을 그림으로 그리는 나피카소의 모습이 담겨 있다. 그 화면에서 여인은 세 번 등장하고, 피카소 자신은 두 번 등장한다. 자신의 모습을 자신이 보는 것이다. 극장에서 영화를 보고 있는 자신의 모습을 떠올리는 경우 등이다.

뉘앙스는 조금씩 달라도 거의 모든 문화권에서 이런 경우를 상상하고 있다. 죽음과 관련된 것이 많다. 예를 들면 우리나라에도 죽어가는 사람은 자신이 흰 옷을 입고 구름 위로 날아가는 환영을 본다고 한다. 일종의 유체이탈이다. 정신적으로 큰 충격을 받은 경우 자신의 환영이 보이는 일종의 정신질환이다. 자신의 말과 행동을 마치 남의 이야기처럼 하는 것도 이에 해당한다.

우리가 잘 알고 있는 스티븐슨의 소설 〈지킬 박사와 하이드 씨〉도 도플갱어 부류에 속한다. 지킬 박사와 하이드 씨에서 지킬은 사람을 양분할 수 없을까 하는 실험에 착수해, 선한 면은 더욱 선하게 하고 악한 면을 더 악하게 만드는 약물을 개발하여 두 사람으로 행동하고 있다. 분신인 하이드가 되는 것에 중독된 지킬은 약물을 남용하다가 결국에는 지킬로 돌아갈 수 없는 상태가 되었고, 이를 비관해 스스로 목숨을 끊는 것으로 결말이 난다.

〈눈먼 자들의 도시〉는 주제 사라마구의 노벨 문학상 수상작이다. 사람들이 갑자기 앞을 볼 수 없는 전염병에 걸리고, 이들은 모두 수용소에 격리되는 디스토피아를 그리고 있다. 무언가를 본다는 것은 식별, 인식한다는 것이고 이것은 이성을 바탕으로 하는 행위다. 그러나 보지 못하는 눈먼 도시에서는 이성을 잃어버린 아비규환 자체가 되어버린다. 여기서 작가는 인간이 극한 상황에서 얼마나 사악해지는지를 그리고 있다.

누구든 선한 면과 악한 면을 어느 정도는 동시에 가지고 있다. 자란 환경이나 교육에 따라, 어느 면이 강하게 나타나고 어느 면은 잠재된 형태로 나타난다는 것이다.

비밀 엽서 클럽

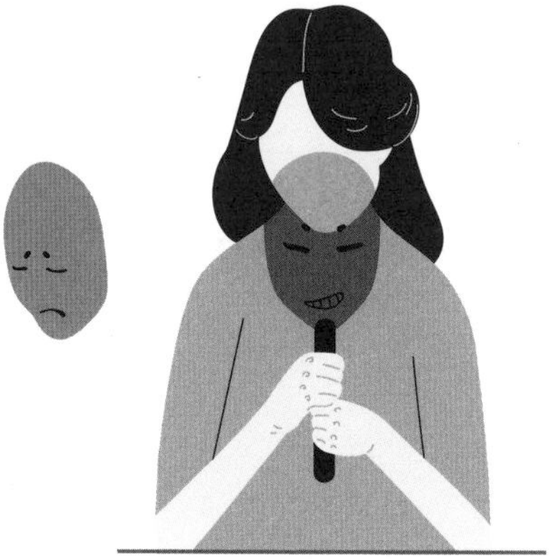

비밀을 혼자 간직하는 것은 괴로운 일이다. 그래서 사람은 누구나 자신의 비밀을 털어놓고 싶은 본능에 가까운 충동이 있다.

신라 경문왕은 임금이 되고 나서 당나귀처럼 큰 자신의 귀 때문에 고민이었다. 아무에게도 알리지 않으려 했지만 임금의 의관을 관리하는 복두장에게는 숨길 수가 없었다. 대신 복두장에게 절대로 비밀을 발설하지 말도록 명령했다. 복두장은 남들에게 차마 이야기하지 못하는 비밀로 괴로워하고 있었다. 비밀을 혼자서 간직하느라 병이 날 지경이었다. 바람이 많이 부는 날 그는 대나무 숲으로 갔다. 그리고는 큰소리로 외쳤다.

"임금님 귀는 당나귀 귀!"

그러나 그 소리는 서걱거리는 대나무 소리에 묻히고 말았다. 그러고 나서 대나무 숲에서는 바람이 부는 날이면 그 소리가 들렸다.

"임금님 귀는 당나귀 귀!"

이것을 안 임금님은 대나무 숲을 모두 베어 버리고 산수유를 심도록 했다. 경주에 산수유가 많은 이유도 그 때문이라는 이야기다.

열병 모델,
비밀이 병이 된다

아이오와 대학 커뮤니케이션 교수 아피피는 우리에게 비밀이 있고 그것을 깊이 생각하면 스트레스가 커지고 건강도 해치게 된다며, 건강을 되찾기 위해서는 비밀을 털어놓거나 그 비밀로부터 빠져나와야 한다고 말한다.

연구자들은 이것을 '열병 모델fever model'이라고 부른다. 비밀에 관해 위대한 시인 칼릴 지브란은 이렇게 적고 있다.

"비밀을 지킬 수 있는 사람은 없다. 만일 당신이 비밀을 바람에게 털어놓았다면 바람이 나무에게 털어놓는 것을 원망해서는 안 된다."

비밀을 지킬 수 있는가?

물론 지킬 수 있다. 커뮤니케이션 연구자들에 따르면 95% 이상의 사람들이 누구에게도 밝히지 않는 자기만의 비밀을 가지고 있다고 말한다. 비밀이 없다고 말하는 5%의 경우도 거짓말일 수 있다고 전문가들은 말한다.

그리고 많은 이들이 누구에게, 어떻게 밝힐지 고민한다. 자신의 추악한 과거라도 누군가에게 털어놓고 싶은 것이 인간이다.

그렇다고 주위 사람들에게는 털어놓을 수가 없다. 그러나 낯선 이에게는 오히려 쉽게 털어놓을 수 있다. 낯선 사람이라면 비밀이 새어나갈 염려도 없고 오히려 편하게 털어놓을 수 있다는 것이다. 처음 만난 사람일지라도 말이다.

나의 과거와 현재에 대한 정보가 전혀 없고, 또 앞으로도 없을 사람이라면 부담 없이 비밀을 털어놓을 수 있다. 그래서 익명의 사람이 필요한 것이다.

이를 '기차에서 만난 이방인 현상stranger on a train'이라고 부른다. 이는 미국의 심리학자이자 변호사였던 직 루빈이 자신의 논문에서 설명한 개념으로, 이방인과 같이 낯선 상대에게 자신의 비밀스러운 과거사에 대해 자세하게 들려주고 싶은 충동 심리를 말한다.

이방인이라면 낯선 사람의 이야기에 귀 기울여주고 더 나아가 공감이나 조언을 해줄 경우, 타인에게 도움을 주었다는 심리적 보상도 함께 느낄 수 있다고 한다.

비밀의 이면에
숨어 있는 사연

미국 '비밀 엽서post secret' 프로젝트 설립자이자 큐레이터인 프랭크 워런은 2004년 11월 재미있는 실험을 했다. 누구에게도 말하지 않은 자신만의 비밀이 있으면 엽서에 적어 보내달라는 부탁이었다. 그리고는 엽서 3,000매를 인쇄하여 지하철역에서 나누어주기도 하고 미술관, 도서관 책 사이에도 꽂아 두었다.

물론 익명으로 회신해달라고 부탁했다. 그러자 비밀들이 우편함에 쌓이기 시작했다.

재미있는 것은 세상 모든 비밀의 이면에는 사연이 숨어 있더라는 것이다. 모두 혼자서 비밀을 간직한다는 것을 고통스러워하고 있었다. 비밀을 털어놓는다는 것은 고통스러운 진실과 화해하려는 충동이기에 함께 비밀을 나눌 용기를 냈던 것이다.

프랭크 워런은 이 프로젝트를 공공적 예술 치료라고 불렀다. 이 이야기는《비밀 엽서》라는 제목으로 책으로도 나왔다.

요즘의 소통 수단인 SNS를 보자. 여기서는 서로의 얼굴을 보지 않고 다양한 사람들을 만날 수 있을 뿐만 아니라, 오프라인에서 만나기 힘든 사람과도 이야기를 나눌 수 있다. 직접적인 만남이 아니어도 서로에게 온라인을 통해 교감할 수 있는 좋은 수단 중 하나다. 이것도 일종의 이방인 현상이다.

근래에는 인터넷상에서 랜덤하게 여러 사람을 만나 이런저런 비밀스러운 이야기를 서슴없이 주고받고는 다시 쿨하게 헤어지는 모습들을 종종 볼 수 있다. 이것은 나를 아는 사람에게는 '그 사람이 나를 어떻게 생각할까? 주변 사람들에게 소문을 내지 않을까?' 싶어 털어놓지 못하는 이야기들도 그런 곳에서는 쉽게 털어놓을 수 있기 때문이다.

질투의 역사

질투의 역사는 길고도 길어 창세기까지 거슬러 올라간다. 심지어 기독교에서 창조주로 섬기는 여호와도 질투를 했다.

출애굽기에는 이렇게 기록하고 있다.

"너는 나 외에는 다른 신들을 네게 두지 말라. 너를 위하여 새긴 우상을 만들지 말고 또 위로 하늘에 있는 것이나 아래로 땅에 있는 것이나 땅 아래 물속에 있는 것의 어떤 형상도 만들지 말며 그것들에게 절하지 말며 그것들을 섬기지 말라. 나 네 하나님 여호와는 질투하는 하나님인즉 나를 미워하는 자의 죄를 갚되 아버지로부터 아들에게로 삼사 대까지 이르게 하거니와 나를 사랑하고 내 계명을 지키는 자에게는 천 대까지 은혜를 베푸느니라."

이렇듯 여호와는 분명히 자신을 질투의 하나님이라고 명시적으로 말하고 있다. 또 창세기 4장에는 카인이 동생 아벨을 들판으로 유인하여 돌로 쳐서 죽이는 장면이 나온다.

형제인 카인과 아벨, 형 카인은 농사를 지었고 동생 아벨은 양치기가 되었다. 하나님께 제물로 카인은 땅의 소출을, 아벨은 양의 첫 새끼와 양의 기름으로 바쳤다. 그런데 하나님은 아벨과 그의 제물은 기꺼이 굽어보았으나, 카인과 그의 제물은 굽어보지 않았다.

카인은 자신이 하나님으로부터 소외되고 동생 아벨이 선택을 받자, 극도의 질투심이 불타올랐다. 그리하여 카인은 인류 최초의 살인자라는 누명을 쓰게 되었다.

성경 어디에도 왜 하나님이 카인의 곡물을 거절했는지 명확히 밝히지 않고 있다. 그러나 역사학자들은 이렇게 설명한다. 이스라엘 민족이 정착하기 전의 원주민들을 가나안족이라 불렀다. 이들은 농사를 지으며 풍요의 신 바알을 섬겼다.

BC 2000년 경 셈족의 일파인 아모리족이 가나안을 쳐서 정복했다. 가나안족이 농사를 짓던 부족이었다면 아모리족은 광야에서 목축을 하던 유목민이었다. 이집트에서 나와 40년 동안 유목생활을 했던 것이다. 여호수아는 하나님의 명령에 따라 가나안 땅의 여리고성과 아이성을 정복하고 백성들을 진멸殄滅했다.

역사적으로 보면 유목민과 농경사회가 싸우면 유목족이 늘 승리를 거두고 있다. 빠른 기동력과 호전성이 승리의 요인이었다. 이 경우도 승자가 된 유목족이 농경사회를 정복한 것을 합리화시키기 위한 기록으로 보고 있다. 그래서 하나님은 농사꾼카인 대신에 유목민아벨 편에 섰다는 설명이다.

인간의 핏속에는 질투의 DNA가 존재한다

카인의 DNA가 지금도 면면히 인간의 핏속을 흐르고 있다. 아이들은 동생이 태어나면 엄마 몰래 해코지를 한다. 역시 엄마의 사랑을 빼앗길까 봐 두려운 것이다. 그래서 엄마 몰래 동생을 꼬집기도 하고 눈을 찌르기도 한다. 이처럼 주위 사람으로 인해 자신의 지위가 상대적으로 추락할 때 인간은 질투심을 느낀다.

질투는 때론 눈물로, 때론 물리적인 복수로 나타난다. 밴쿠버 동계 올림픽에서 김연아는 거의 완벽한 연기로 금메달을 목에 걸었고, 아사다 마오는 은메달에 그쳤다. 은메달을 목에 거는 순간 아사다 마오는 눈물을 펑펑 쏟았다. 2인자의 지위를 스스로 인정할 수밖에 없었던 참담한 심경이 눈물로 표출된 것이다. 이것이 심해지면 물리적인 폭력으로 나타난다.

백설 공주 이야기를 보자. 옛날 어느 왕국에 검은 머리에 하얀 피부 그리고 붉은 입술을 가진 예쁜 공주가 태어났다. 그러나 왕비는 공주를 낳자마자 곧 세상을 떠났고, 왕은 새로운 왕비를 맞았다. 백설 공주가 자랄수록 아름다움을 더해 가자, 계모인 왕비는 질투심이 꿈틀거리기 시작했다. 왕비는 마법의 거울을 보면서 물었다.

"거울아, 세상에서 누가 가장 예쁘니?"

거울이 대답했다.

"세상에서 가장 아름다운 여자는 백설 공주입니다."

같은 질문과 대답이 반복되자, 왕비는 공주를 죽이기로 마음먹고 사냥꾼을 불러 백설 공주를 숲속으로 데려가 죽이라고 명령했다. 그러나 사냥꾼은 백설 공주가 불쌍하여 숲으로 도망치게 도와주었다. 백설 공주는 일곱 난쟁이들의 도움으로 살아났다. 백설공주가 살아난 것을 안 왕비는 이번에는 마녀를 통해 독이 든 사과를 먹였다. 이제는 죽었겠지 하고 다시 마법의 거울에 물었으나, 여전히 백설 공주가 가장 아름답다는 대답이었다.

절망한 왕비는 거울을 보면서 울부짖었다.

"아니야, 그럴 리가 없어. 백설 공주는 독이 든 사과를 먹고 죽었단 말이야!"

그러자 거울이 대답했다.

"백설 공주를 아름답게 만드는 것은 바로 왕비님의 질투심 때문입니다. 왕비님 자신이 나이 들고 늙었다고 생각하는 순간마다 백설 공주님은 더욱 아름다워질 것입니다. 왕비님의 마음씨를 바꾸어야 합니다."

이 이야기는 물론 동화지만 일말의 진리를 담고 있다. 질투는 바로 마음에서 비롯된다는 것이다.

질투라는
이기적 유전자

모든 종교의 경전이나 도덕군자들은 질투를 아주 부정적인 것으로 보고 있다. 동양에서는 여자의 강한 질투심은 이혼 사유가 되기도 했다. 일반적으로 유교권이나 이슬람권에서는 서양에 비해 질투를 훨씬 더 부정적인 것으로 보고 있다.

그러나 진화심리학에서는 인간이 만들어 설정한 도덕적 기준을 개의치 않는다. 세상에 존재하는 모든 것은 생존에 더 유리하기 때문에 존재한다는 것이다. 만약 이타적인 유전자가 이기적인 유전자보다 생존에 유리하다면 인류는 이타적인 유전자가 주도했을 것이다. 그러나 역사는 이기적인 유전자가 승리하고 있음을 보여주고 있다.

질투도 마찬가지다. 질투의 백미라고 불리는 남녀 간의 질투를 보자. 여자에게는 자신과 자신이 낳을 2세를 보호해줄 든든한 보호자가 필요하다. 그래서 자신의 남자가 다른 여자에게 한눈파는 것을 극도로 싫어하는 것이다. 여자에게 질투는 일종의 생존 전략인 셈이다.

미인은 미인에게, 천재는 천재에게, 영웅은 영웅에게서 질투를 느낀다. 우리가 알고 있는 천재 과학자 뉴턴 역시 질투의 화신이었다.

미적분의 발견을 놓고 라이프니츠에 대한 뉴턴의 질투는 하늘을 찔렀다. 학자들에 의하면 미적분의 개념을 처음 창안한 사람은 뉴턴이었지만 발표를 먼저 한 것은 라이프니츠였다. 여기서 뉴턴의 질투가 시작된 것이다.

미적분 이론은 현대 과학에서 빼놓을 수 없는 기초 이론이다. 이의 중요성이 더해지자, 마침내 미적분 이론의 발견자를 두고 영국과 독일 간 감정싸움으로 번졌다. 그렇지 않아도 미운 이웃사촌이었던 영국과 독일, 미적분의 발견자를 두고 두 나라는 100년 동안 학술 교류를 하지 않을 정도였다. 지금은 동시에 발견한 것으로 봉합되고 있다.

발명왕 에디슨도 질투의 화신이었다. 자신이 가장 뛰어난 과학자라고 생각했던 에디슨 앞에 테슬라라는 천재가 나타난 것이다. 세르비아인으로 크로아티아에서 태어나 일찍 미국으로 이주한 테슬라는 에디슨보다 훨씬 더 뛰어난 과학자였다.

두 사람 간의 대표적인 싸움이 교류 VS 직류 싸움이다. 에디슨은 뉴욕시에서 사용할 직류 방식의 전력 공급 시스템을 고안했다. 그러나 직류 방식은 멀리 보낼 경우 전력 손실이 크다는 결점을 가지고 있었다. 여기서 에디슨은 천재 과학자이자 발명가였던 테슬라에게 손실 없이 전기를 멀리 보내는 방법을 고안해주면 많은 돈을 주겠다고 약속했다. 여기서 나온 방식이 교류였다.

그러자 질투가 난 에디슨은 약속한 돈도 지불하지 않고 여전히 직류의 우수성을 고집했다. 에디슨으로서는 자존심 때문에 테슬라를 인정하기 싫었던 것이다. 에디슨은 교류가 위험하다는 것을 증명하기 위해 개와 고양이를 교류로 태워 죽이는 실험까지 하면서 직류가 우수하다고 홍보까지 하고 다녔다.

이에 테슬라는 웨스팅하우스와 손잡고 전력사업에 뛰어들었다. 그러나 에디슨은 여전히 직류를 고집했다. 교류의 장점을 몰라서가 아니라 테슬라에 대한 질투심 때문이었다. 결국 테슬라에게 패하고 말았다. 지금은 거의 교류를 사용하고 있다. 에디슨이 직류 전기로 많은 돈을 벌려고 했지만 테슬라는 교류 전기로 세상을 밝게 비추려고 했다.

질투는
거리의 제곱에 반비례한다

엄마는 동창 모임만 다녀오면 엄친아 타령을 한다.

"글쎄, 엄마 친구 아들은 이번에……."

이렇게 엄마의 엄친아 타령이 시작되면 자녀들은 기가 죽는다. 외모, 재능, 능력에서 자신은 비교가 되지 않기 때문이다. 처음에는 엄친아가 부러웠지만 엄마의 타령이 반복되다 보면 엄친아에 대한 강한 증오가 솟구친다. 그 미움과 증오의 감정이 질투다.

질투는 흡사 '만유인력의 법칙law of universal gravity'을 닮았다. 거리의 제곱에 반비례한다. 멀리 있는 사람이야 잘되든 못되든 나와는 상관이 없지만, 가까이 있어 나와 직접적으로 비교의 대상이 되는 사람일수록 질투는 강하게 일어난다. 그래서 사촌이 땅을 사면 배가 아픈 것이다.

한국 남자들이 가장 배가 아플 때는 동서가 좋은 차를 구입했을 때다. 그것도 손아래 동서가 명품 자동차를 구입했다면 겉으로는 축하한다면서도 속으로는 도가니가 끓는다. 여기에 부인까지 가세한다.

"아니, 동생네는 명품차를 구입했는데 당신은 뭘 했소?"

이렇게 되면 부인과 한동안 냉전을 하고 처갓집 가족 모임에도 가기가 싫다. 그리하여 무리해서라도 더 좋은 차를 구입하려 든다.

반면 여자들이 가장 열 받을 때는 언제일까?

동창 모임에 나갔을 때 지질히도 공부 못하던 숙이가 명품 가방에 명품 옷을 휘두르고 나왔을 때다. 그래서 다음 모임에는 빚을 내서라도 명품 가방을 구입하려 드는 것이다.

러시아 월드컵에서 한국은 16강 진출전에서 전 대회 우승팀 독일을 2:0으로 이겼다. 그러자 전국은 열광의 도가니가 되었다. 그러나 16강에는 진출하지 못했다. 반면 일본은 벨기에와 16강 진출을 위한 일전을 남겨두고 있었다. 벨기에는 일본에 비해 월등히 강력한 팀, 그런데 뜻밖에도 일본이 전반전에서 2:0으로 이기고 있었다. 그러자 많은 사람이 TV를 껐다. 일본이 이기는 꼴을 보기가 싫었던 것이다. 그러나 웬걸, 다음날 아침 벨기에가 일본을 3:2로 누르고 이겼다는 뉴스가 화면과 함께 뜨고 있었다.

'이렇게 속이 시원할 수가!'

일본이 졌다는 소식이 우리가 16강에 진출하는 것보다 더 통쾌했던 것이다. 캐나다에 사는 한 교포의 전언에 의하면 우리가 독일을 2:0으로 이기자, 가장 신바람나는 사람들은 영국인들이었다고 한다. 영국과 독일은 역사적으로 영원한 앙숙이었다. 이것이 이웃에 대한 우리의 솔직한 감정인 것이다.

살리에리 증후군, 천재를 증오하다

영화 〈아마데우스〉는 천재 음악가 모차르트와 그를 질투하는 궁정악장 샬리에리의 이야기다.

이탈리아 출신의 살리에리는 오스트리아 궁정에서 궁정악장의 지위에 올라 있었다. 여기에 천재 모차르트가 나타난 것이다. 모차르트가 천재였다면 살리에리는 노력파였다. 그러나 아무리 노력해도 도저히 모차르트를 따를 수 없다는 사실을 인정해야 하는 살리에리는 절망한다.

이 같은 구도에서 모차르트 독살설이 나오게 된다. 이를 퍼트린 직접 당사자는 러시아의 대문호 푸시킨이었다. 모차르트의 〈돈 조반니〉 초연을 듣고 살리에리가 혹평을 했다는 이야기를 들은 푸시킨은 돈 조반니를 혹평할 사람이면 능히 살인도 할 수 있는 인물이라는 주장이었다. 푸시킨은 〈모차르트와 살리에리〉라는 단막극을 발표하게 된다.

그러나 독살설은 루머일 뿐 증거는 어디에도 없다. 그런데도 독살설이 끊이지 않는 것은 그 정도 질투라면 능히 사람도 죽일 수 있다는 인간 심리에서 비롯된 가상의 진실이다. 이러한 심리적 증상을 '살리에리 증후군salieri syndrome'이라고 부른다.

영국과 프랑스 100년 전쟁 당시 소녀 잔 다르크는 "조국을 구하라."는 천사의 계시를 받고 용감히 싸워 이겼지만, 당시의 프랑스 국왕 샤를 6세나 그를 승계한 샤를 7세 모두 잔 다르크의 치솟는 인기를 질투하여 그를 화형에 처하고 말았다. 이처럼 왕도 신하에 대해 질투를 한다. 멀리 갈 것도 없다. 임진왜란 당시 선조는 승승장구하는 충무공의 인기를 질투하여 옷을 벗기고 감옥에 넣기도 했다. 때로 역사 속의 인물에 대해서도 질투를 한다.

하버드 대학 경제학자 제임스 뒤젠베리는 이렇게 말한다.

"나폴레옹은 시저를 질투했고, 시저는 알렉산더를 질투했다. 알렉산더는 신화 속의 헤라클레스를 질투했을지도 모른다."

알렉산더 대왕은 천성적으로 큰 그릇으로 태어난 듯하다. 알다시피 그리스 반도는 여러 도시국가로 이루어져 있었다. 남쪽으로 아테네와 스파르타, 조금 북쪽으로 테베, 그리고 조금 더 북쪽으로 마케도니아가 자리하고 있었다. 물론 반도의 중심은 아테네였다. 남쪽의 아테네와 스파르타는 마케도니아를 산악족으로 부르며 야만인 취급을 하고 있었다.

그러나 반도를 통일한 알렉산더 대왕은 자신을 진정한 그리스인으로 생각했다. 그리하여 아테네, 스파르타 등을 껴안으면서 힘을 합쳐 이집트, 페르시아, 인도 북부를 정복했다. 그가 정복한 땅에는 자신의 이름을 따서 알렉산드리아라는 도시를 세웠고, 이를 그리스 문명의 전초기지로 활용하려 했다.

이집트 알렉산드리아에 있는 알렉산드리아 도서관은 당시로 말하면 세계의 학문과 문화의 보고였다. 이것이 로마의 이집트 침략으로 불타고 말았다. 1970년대부터 알렉산드리아 도서관을 복원하자는 논의가 일면서 2002년에 개관되었다. 세계 각지에서 모금한 2억 2천만 달러의 자금으로 지어 철학, 종교, 역사, 지리, 언어, 문화, 음악, 사회과학, 자연과학, 세계의 신기술 등 50만 점이 전시되어 있다.

거짓말의 심리

요즘 트럼프 대통령의 거짓말과 거친 말투가 점점 심해지는 것 같다. 〈워싱턴포스트〉의 팩트체크 코너에서는 "트럼프 대통령이 집권 497일 동안 총 3,251번의 거짓 또는 과장을 늘어놓았다."라고 전했다. 하루 6.5회의 거짓말을 한 것이다.

한 심리학자는 사람들이 10분 동안 3번의 거짓말을 하더라는 보고서를 제출하여 가장 많은 거짓말 횟수를 기록하고 있다. 거짓말을 안 하는 사람은 없겠지만 10분 동안 3번은 너무 과장된 것 같다. 하루 세 번이라면 모를까.

그러나 조사 과정을 보면 고개를 끄덕이게 된다. 10분 동안 3번의 거짓말이라는 보고서는 '낯선 사람들이 처음 만나 10분 동안 인사를 나누면서 한 거짓말의 횟수'라고 한다.

나와 처음 만나는 사람, 앞으로도 만날 일이 거의 없는 사람이라면, 나의 과거나 학력이나 경력 몇 가지 정도는 아무렇지도 않게 생각하고 거짓말을 한다는 것이다. '나도 왕년에'로 시작되는 말들은 대부분 거짓말로 보면 맞다.

개인적인 생각으로는 선의의 거짓말을 포함하여 하루 3~4회 정도의 거짓말이 적당하지 않을까 생각된다. "안녕하세요?" 하고 건네는 인사말에 "안녕하지 못하다."라고 솔직히 대답할 사람은 없기 때문이다. 여기에는 허풍선이 거짓말도 포함되어 있다.

기억이 나지 않는데요?

미국의 유명한 범죄 드라마 CSI는 과학수사로 유명하다. 이들이 지향하는 것은 증거다.

"사람은 모두 거짓말을 한다. 그러나 증거는 거짓말을 하지 않는다."

사람의 말, 특히 범죄 의혹을 받는 피의자의 말은 전혀 믿을 게 못된다. 정치인들은 감옥에 가면 갔지 자신의 죄를 고백하지 않는다. 전직 대통령들은 몇 천억 원의 추징금을 선고받고도 '1원 한 푼' 받지 않았다고 주장한다.

사람은 하루에 몇 번 정도 거짓말을 할까?

여러 학자가 조사했지만, 결론은 제각각이다. 하루 3~4번의 거짓말을 한다는 주장에서부터, 200번의 거짓말을 한다는 주장까지 다양하다. 여기에는 선의의 거짓말도 포함되어 있다. 직장 상사가 사주는 밥을 먹으면서 상사가 묻는다.

"맛이 어때?"

이럴 경우 맛이 없더라도 그대로 말할 사람은 없다.

"네, 아주 맛이 좋은데요."

정치인들은 거짓이 들통나면 이렇게 말한다.

"기억이 나지 않는데요."

그럼 세상에서 가장 엉터리 거짓말은 무엇일까?

"평생 한 번도 거짓말을 하지 않았다."라는 거짓말이다.

말하는 것을 믿지 말고 행동하는 것을 믿어라

낯선 사람이 아니더라도 사람은 친구, 주위 사람, 심지어 자기 자신에게도 거짓말을 한다. 세계 최대 동영상 서비스업체인 넷플릭스에서 사용자들을 상대로 원하는 영화가 무어냐고 물었다. 그랬더니 2차 세계대전을 다룬 흑백으로 제작된 다큐멘터리를 포함하여 웅장하고 고전적인 이야기들이 선정되었다.

그후 넷플릭스 측은 이상한 점을 발견했다. 그들이 원하는 영화를 골고루 갖추어놓았지만 조회 수는 좀처럼 올라가지 않았다. 응답자들은 모두가 자기 자신에게 거짓말을 했던 것이다.

2016년 11월, 미 대통령 선거에서 많은 이들의 예측이나 여론 조사와 반대로 도널드 트럼프가 대통령으로 당선되었다. 그의 투박하고 거침없는 말투, 인종주의적 발언, 성추행이나 여성 혐오적인 발언 등으로 트럼프는 '퇴행적인 파시스트'라는 딱지가 붙은 인물이었다. 그런 인물이 예상을 깨고 대통령에 당선된 것이다.

어찌하여 그를 지지하던 사람들은 언론이나 각종 여론 조사에서 노출되지 않았을까?

많은 사람이 속으로는 트럼프를 지지했지만 겉으로는 트럼프를 싫어하는 척했던 것이다.

러시아 속담에 이런 말이 있다.

"말하는 것을 믿지 말고 행동하는 것을 믿어라."

말보다 행동이 훨씬 더 많은 것을 말해준다는 이야기다. 이는 꼭 속인다는 의미라기보다 자신의 속마음을 드러내고 싶지 않다고 보는 게 맞을 것이다.

네덜란드 동인도 회사 소속으로 제주도에서 표류하다가 붙잡힌 네덜란드인 하멜은 그의 《하멜 표류기》에서 이렇게 말하고 있다.

"조선인은 남을 속이는 경향이 매우 강하다. 남을 속이면 부끄럽게 생각하지 않고 오히려 잘한 일로 여긴다."

도산 안창호 선생은 〈민족개조론〉에서 민족의 번영을 위해 힘쓸 점 첫 번째로 "거짓말과 속이는 행실을 없애야 한다."라고 말한다. 2013년 통계에 따르면 한국은 전체 범죄 대비 사기 범죄 비율에서 OECD 1위를 기록하고 있다. 이는 한국인들이 거짓말을 많이 하고 있다는 증거이면서, 동시에 속는 사람이 그만큼 많다는 의미이기도 하다.

어느 사회학자는 이를 반도 기질에 대입해서 설명하기도 한다. 세계에서 거짓말쟁이들이 많은 나라가 이탈리아와 한국인데, 이들의 공통점이 반도라는 것이다. 반도는 대륙 세력의 눈치를 봐야 하고 해양 세력의 눈치도 봐야 하기 때문에 거짓말이 많다는 것이다.

사람들은 왜 남의 말을 잘 믿고 속을까?

바로 욕심 때문이다. 바로 눈앞의 욕심 때문이다. 추리소설에 등장하는 사기꾼들 역시 이런 탐욕자들을 노린다.

사기꾼들은 이렇게 말한다.

"사기라니요? 저는 사기를 친 적이 없습니다. 먹음직스러운 미끼만 던져놓으면 탐욕에 눈먼 사람들이 다투어 미끼를 덥석 뭅니다."

2017년도 국내 사이버금융 범죄 피해액은 드러난 규모만 2,431억 원 수준이었다. 이는 전년도 1,924억 원의 26.4%가 증가한 수치다. 피해 건수는 2017년에 50,013건이었다.

악의적 거짓말, 이타적 거짓말, 선의의 거짓말

영화 〈거짓말의 발명〉은 우리나라에서는 〈그곳에선 아무도 거짓말을 하지 않는다〉는 제목으로 번역되었다.

주인공 마크 벨리슨은 인류가 아직 거짓말을 모르는 사회The world in which people never evolved the ability to tell a lie에 살고 있었다. 그의 직업은 시나리오 작가였다. 그러나 거짓말이 없는 세상이니 시나리오 소재도 기껏 역사 이야기밖에 쓸거리가 없었다. 역사에 설명을 덧붙이면 성우들이 읽어나가는 형식으로 진행되었다. 그랬으니 시나리오가 재미가 있을 리 없었다. 결국 그는 해고되고 말았다. 그러자 여자친구 애너도 빈털터리가 된 그에게서 떠났고 월셋집에서도 쫓겨날 처지가 되었다.

전 재산이 300달러밖에 남지 않은 벨리슨은 더 싼 곳으로 이사하기 위해 은행으로 갔다. 돈을 인출하려던 그는 마침 은행 전산 시스템이 다운되어 은행 직원이 자신의 잔고를 확인할 수 없다는 사실을 알고 무의식적으로 자신의 은행 계좌에 800달러가 있다고 거짓말을 한다.

인류 최초의 거짓말이었다. 거짓말이 없는 사회다 보니 은행 직원은 의심 없이 800달러를 내주었고, 그 종잣돈을 가지고 카지노에 간 그는 역시 거짓말로 큰돈을 따고, 사실이 아닌 이야기를 사실인 것처럼 시나리오를 써 시나리오 작가로도 크게 성공했다.

그러자 여자친구 애너도 다시 돌아왔다. 애너와 데이트를 하던 중 어머니가 위독하다는 소식을 접한 벨리슨은 병원으로 달려가 죽음의 두려움에 떨고 있는 어머니에게 거짓말을 한다. 사후 세계는 영원한 '무無'가 아니라 사랑했던 이들이 기다리고 있고, 고통도 없고 사랑만이 넘치는 영원한 행복의 세계라고 말한다. 그 말을 들은 어머니는 편히 죽음을 맞이할 수 있게 된다.

벨리슨의 거짓말을 들은 의사와 간호사들은 신문 기자들에게 벨리슨이 사후 세계에 대해 훤히 알고 있다고 제보하여, 그는 순식간에 유명인사가 된다는 내용이다.

거짓말은 이처럼 위력적이다. 스포츠에 비유해보자. 모든 스포츠에는 규칙이 있다. 선수들이 모든 규칙을 지킬 때 '나' 혼자서만 규칙을 어길 수 있다면 아주 유리한 경기를 할 수 있을 것이다. 그러나 모든 선수가 모두 규칙을 어기기 시작하면 위력은 사라지고 만다. 거짓말도 이와 같다. 모두가 거짓말을 하게 되면 소용이 없게 된다. 그럴 때는 더 큰 거짓말이 아니면 상대방을 속일 수가 없다.

중세 신학자 토마스 아퀴나스는 거짓말을 '악의적인 거짓말', '이타적인 거짓말', '선의의 거짓말'로 나누었다.

악의적인 거짓말은 자신의 이익을 위해 남을 해치려고 꾸며내는 거짓말이다. 사기꾼들이 쓰는 수법이 악의적인 거짓말이다.

적에게 고문을 당하면서도 아군의 위치를 가르쳐주지 않고 거짓 대답을 하는 것은 이타적인 거짓말이다.

여자친구에게 오늘 헤어스타일이 참 멋지다고 하는 것은 선의의 거짓말이다. 선의의 거짓말은 때로 필요하다. 머리를 그렇게 촌스럽게 했느냐고 사실을 얘기했다가는 여자친구마저 잃고 말 것이다.

선의의 거짓말이 꼭 필요한 경우가 의사다. 상태가 좋지 않은 환자에게 나을 수 있다는 희망을 가지고 열심히 치료받으면 건강을 회복할 수 있다고 말하는 경우다. 이에 환자는 좀 더 긍정적인 마음으로 병마를 이기려 노력하게 되고 그 효과가 나타난다는 것이다.

거짓말이
진화의 수단?

거짓말은 눈덩이처럼 불어나는 게 보통이다. 하나의 거짓말을 하고 나면 그 거짓말을 숨기기 위해 또 다른 거짓말이 필요하게 된다.

아마도 거짓말을 가장 많이 하는 사람은 정치인일 것이다. 2차 세계대전을 일으킨 히틀러를 보자.

오스트리아를 합병한 히틀러는 이번에는 체코의 수데텐 지방으로 눈을 돌렸다. 이곳은 원래 독일의 영토였으나 1차 세계대전에 패하면서 연합군에 의해 분할되어 체코에 속한 땅이었다. 오스트리아를 합병한 히틀러는 이번에는 체코 정부에 수데텐 자치권을 요구했으나 거절당했다. 그러자 유럽 각국은 히틀러의 수데텐 공격 여부에 촉각을 곤두세우고 있었다.

1938년 히틀러는 이 문제만 해결되면 더 이상 유럽 영토에 대한 야심은 없다고 강조했다. 이에 영국 총리 체임벌린은 프랑스, 이탈리아까지 끌어들여 수데텐을 독일에 할양한다는 내용의 뮌헨 협정을 체결했다. 체임벌린은 이것으로 히틀러와 독일 파시즘의 팽창 의욕을 꺾었다고 생각했다.

그러나 히틀러는 협정서의 잉크가 마르기도 전에 뮌헨 협정을 파기했고 다시 6개월 후 폴란드를 침공함으로써, 2차 세계대전을 일으켰다. 그래서 뮌헨 협정은 유화정책의 대표적인 비극으로 기록되고 있다. 정치인들의 거짓말 역사를 쓰려면 책 한 권으로도 모자랄 것이다.

정치인의 거짓말에 대해 처칠은 이렇게 말했다.

"정치인은 거짓말을 할 줄 알아야 한다. 그러나 거짓말이 탄로 났을 때는 그 이유를 설명할 줄도 알아야 한다."

거짓말을 가장 적게 하는 사람은 우울증 환자라고 한다. 앨라배마 대학 정신의학과 찰스 포드 교수에 의하면 우울증에 걸린 사람은 거짓말을 거의 하지 않는다고 한다. 우울한 상태에서는 주변을 냉소적으로 관찰하고, 다른 사람보다 현실을 더 정확하게 본다. 따라서 보고 들은 것을 그대로 해석한다. 다른 사람뿐만 아니라 자신을 판단할 때에도 환상이나 허위를 적당히 섞지 못하고, 있는 그대로 이야기하면서 더욱 절망의 늪에 빠진다는 것이다.

우리는 거짓말에 대해서는 일부 선의의 거짓말을 제외하고는 모두 비난을 서슴지 않는다. 그러나 여기에 대한 반격도 만만치 않다. 독일의 심리학자 클라우디아 마이어는 《거짓말의 딜레마Dilemma of Lie》에서 거짓말은 생명체가 거친 환경에서 생존하기 위한 진화적 필요 때문에 발달했다고 주장한다. 그리고 사회적으로도 조직을 형성하기 위한 필요성에 의해 선택된 적응 방법의 하나라고 주장한다.

물론 악의적인 거짓말이나 나쁜 결과를 낳은 거짓말은 나쁜 것으로 부정되지만, 진화적 적응으로서의 거짓말을 모두 '나쁘다'로 규정하는 것은 맞지 않는다는 이야기다.

옥스퍼드 대학 리처드 도킨스 교수는 《이기적 유전자The Selfish Gene》에서 진화론의 새로운 패러다임으로 진화를 설명한다. 그에 의하면 인간을 포함한 모든 생명체는 DNA 또는 유전자에 의해 창조된 '생존 기계'이며, 자기의 유전자를 후세에 남기려는 이기적인 행동을 수행하는 존재라고 주장한다. 거짓말 역시 진화의 원동력이며 생존 전략이라는 것이다.

모든 사람이 이타적인 행동만 한다면 인류는 곧 멸망할지도 모를 일이다.

통계의 함정

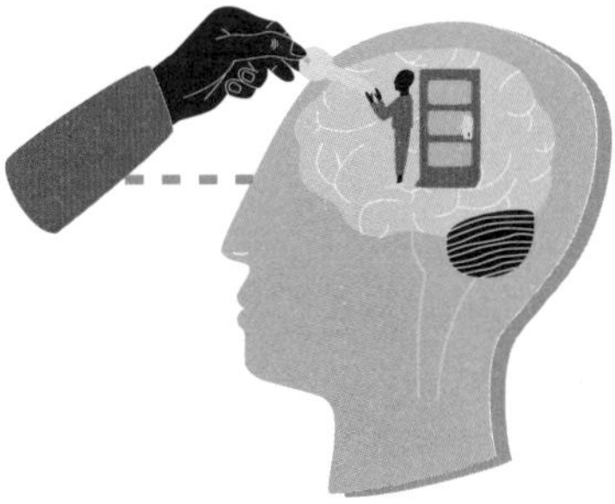

빌 게이츠가 두 번이나 추천해서 유명해진 책이 《새빨간 거짓말, 통계How to Lie With Statistics》다. 그는 TED 강연회에서 추천 이유를 이렇게 밝혔다.

"정부나 언론에서 보여주는 통계 수치에 속지 않기 위해 반드시 읽어야 하는 책이다. 스테디셀러로 꾸준하게 사랑을 받아온 책으로 지금 봐도 전혀 시대에 뒤떨어지지 않고, 오히려 꼭 들어맞는다는 생각을 갖게 한다."

독일의 통계학자 발터 크래머는 벌거벗은 각종 숫자와 데이터를 가지고 만들어진 통계가 어떻게 사람들을 현혹하는지를 잘 보여주고 있다.

10명의 농부가 있는 마을이 있다고 하자. 이들 농부 중 1명은 기업농으로 소 40마리를 가지고 있고, 나머지 농부 9명은 한 마리도 가지고 있지 않았다. 그러면 통계적으로 농부들은 평균 몇 마리의 소를 가지고 있는가?

통계에서 나타나는 최빈最頻값은 '0'마리이고, 중간값도 '0'마리인데 산술평균算術平均으로는 4마리가 된다. 산술평균은 통계에서 흔히 이용되는 숫자다. 그러나 소가 한 마리도 없는 9명의 농부에게는 아무 의미가 없다.

이처럼 산술평균은 사건의 실체를 은폐하는 데 주로 악용되고 있다. 정치가, 정부, 기업, 은행, 보험회사 등이 통계를 이용한 속임수의 대가들이다.

그럴듯한 거짓말, 새빨간 거짓말 그리고 통계

2차 세계대전 당시 미 해군에서는 신병을 모집하고 있었다. 해군에 복무하는 것이 위험하지 않다는 내용을 이런 식으로 광고했다.

"해군 전사자 수는 1,000명당 9명으로 뉴욕의 1,000명당 16명에 비해 훨씬 낮다."

해군에 근무하는 사람들은 모두가 건장한 젊은이들이어서 노약자, 영아가 포함된 뉴욕과는 애초부터 동일 선상에서 비교하는 게 무리다. 영국 빅토리아 여왕 당시의 총리를 지낸 벤저민 디즈데일리는 다음과 같이 말하고 있다.

"세상에는 세 종류의 거짓말이 있다. 그럴듯한 거짓말, 새빨간 거짓말 그리고 통계다."

통계는 사람들이 골치 아파하는 숫자로 작성되어 있어, 사람들은 그냥 믿으려 한다. 그래서 늘 속고 있는 것이다.

트럼프와 힐러리가 대결했던 선거에서는 트럼프가 승리했다. 그러나 선거를 앞두고 행해진 많은 여론 조사에서는 힐러리가 이기는 것으로 나왔다.

여론 조사가 틀린 것인가?

물론 틀렸다. 트럼프는 부동산투자, 깨끗하지 못한 방법으로 돈 번 사람, 성추행을 자주했던 사람 등으로 인식되어 있다. 여론 조사에서 트럼프를 지지한다고 응답하면 자신도 그런 부류의 사람으로 인식되는 것이 두려워 자신의 속마음을 드러내지 않았다. 그래서 여론 조사는 힐러리가 이기고도 선거에서는 트럼프가 이긴 것이다.

미국의 지식인들이 애용하는 주간지가 〈타임〉이다. 미국인들에게 정기적으로 〈타임〉을 보느냐고 물으면, 많은 사람이 "그렇다."라고 대답한다. 반면 〈플레이보이〉를 보느냐는 질문에는 "아니다."라는 응답이 월등히 많았다. 그렇다면 타임의 구독률은 지금의 2배를 넘어야 하고, 플레이보이는 문을 닫아야 할 판이다.

2011년 대한민국 정부는 소비자 물가 상승률 목표를 4.0%로 잡고 있었다. 그러나 그해 11월이 되자, 물가는 이미 4.4%나 올라 있었다. 그러자 정부는 한 달 만에 물가상승률을 정확히 4.0%로 맞추어냈다. 방법은 조사 대상 품목을 가지고 장난을 친 것이다. 금반지, 유선전화 요금, 자판기 커피값 등을 빼고 스마트폰 요금, 인터넷 전화요금, 애완견 미용비, 외식 등을 추가했다.

실업률 통계는 더욱 믿음이 가지 않는다. 그중에서도 청년 실업률에 이르면 정부에서 발표하는 지표와 우리가 느끼는 체감 지표와는 상당한 괴리감이 있다. 15~29세 사이의 청년 중 일하고 싶어도 일자리가 없는 경우를 청년실업이라고 한다면 훨씬 더 높다. 통계에서는 실업자를 다음과 같이 규정하고 있다.

1. 지난 1주일간 전혀 일을 하지 못했고
2. 언제든 취업할 수 있으며
3. 지난 4주간 적극적으로 구직활동을 한 사람이어야 한다.

군인이 실업자가 아님은 물론이고, 취업활동을 하지 않는 공시생이나 취업 준비생은 제외되고, 편의점 아르바이트를 몇 시간만 해도 실업자가 아닌 것이다. 그렇게 해도 우리나라 청년 고용률은 2014년 46.1%를 정점으로 하여 계속 하향곡선을 그리고 있다. 2017년 우리나라 청년 고용률은 42.1%로 OECD 국가 중에서 거의 최하위를 기록하고 있다.

우리나라 이혼율?
47.4% VS 9.3%

조직에 몸담은 사람은 '윗분'이 듣기 거북해할 보고를 하는 게 얼마나 위험한지 본능적으로 안다. 옛날에는 목숨을 걸었고, 지금은 자리가 위험해질 수 있다. 듣기 좋은 보고를 하는 사람만 가까이 두는 윗사람에게 아랫사람은 직언直言하지 않는다.

제법 여러 해 전 국내 언론에서도 이혼율에 대한 통계가 말썽을 일으킨 적이 있었다. IMF 몇 년 후인 2002년에 우리나라 이혼율이 47.4%라는 기사가 실려 논란이 일었다. 실제로 삶이 팍팍했던 당시라 이혼은 늘어나고 젊은이들은 결혼을 미루고 있었다.

이혼율이 많은 건 어느 정도 짐작이 가지만 50%에 가깝다는 것은 체감 지수와도 맞지 않는다. 이혼율이 거의 50%라면 우리 주위 커플 2쌍 중에서도 한 쌍이 이혼을 해야 했는데, 현실과 전혀 맞지 않는다는 지적이었다. 이 통계 작성자는 한 해의 이혼 숫자를 한 해의 혼인 숫자로 나눈 것이었다.

$$\frac{\text{한 해의 이혼쌍}}{\text{한 해의 혼인쌍}}$$

여기서 함정을 살펴보자. 혼인은 모두 올해에 혼인신고를 한 사람들이다. 이혼한 사람들은 10년 전, 20년 전 등 언제 결혼했는지 알 수 없다. 최악의 경우 혼인이 줄고 이혼이 높아지면 이혼율이 100%가 넘게 나올 수도 있는 숫자 장난이다.

이것이 사회 문제가 되자, 법원행정처에서는 우리나라의 이혼율은 공식적으로 9.3%라고 발표했다.

심리의 전염성

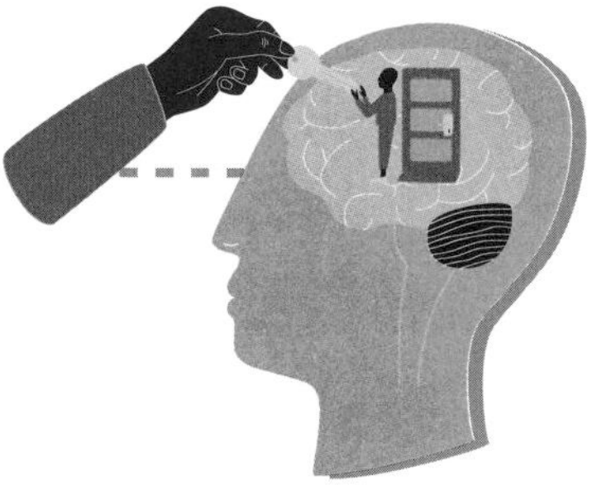

1969년, 스탠퍼드 대학 짐바르도 교수는 아주 재미있는 시험을 했다. 상태가 비슷한 중고 자동차 두 대를 비교적 치안이 허술한 후미진 뒷골목에 일주일 동안 방치해두는 실험이었다.

두 대 모두 보닛을 조금 열어 두고, 한 대는 유리창까지 조금 깨뜨려 두었다. 일주일 후에 보니 유리창이 깨진 자동차는 배터리와 타이어까지 모두 사라진 반면, 보닛만 조금 열어 둔 자동차는 별 이상이 없었다.

깨진 유리창 하나를 방치하면 자동차 전체가 망가지더라는 것이다. 사소한 무질서를 방치하면 큰 문제로 이어질 가능성이 높다는 의미를 담고 있다. 그래서 '깨진 유리창의 법칙broken window'으로 명명되었다.

한 번 더러워진 것은 쉽게 더러워진다. 길거리에서 담배를 피우던 사람들이 어디에 꽁초를 버리는지 관찰해보자. 많은 행인이 오가는 번화가 길바닥에 버릴 수는 없다. 조금은 으슥한 골목을 찾아 담벼락과 전신주 사이 후미진 곳에 꽁초를 버린다. 그곳은 또 소변이 급한 술꾼들이 즐겨 찾는 곳이기도 하다. 이처럼 한 번 더럽혀진 곳은 곧 쓰레기장이 되고 만다.

한 번 더러워진 것은 쉽게 더러워진다는 의미에서 '끌림의 법칙' 혹은 '인력의 법칙'이라고도 한다. 쓰레기는 쓰레기끼리 잘도 어울린다는 의미다.

범죄는 전염병처럼 전파된다

이 법칙은 후일 뉴욕 지하철의 범죄 예방에 도입되어 성과를 거두었다. 알다시피 1980년대 뉴욕 지하철은 연간 60만 건의 크고 작은 범죄가 일어날 정도로 범죄 소굴이었다. 여행객들 사이에서는 뉴욕 지하철은 타지 말라는 말이 나돌 정도였다.

낙서란 전염성이 강하여 누군가 한 사람이 낙서하면 너도나도 낙서하기 마련이다. 요즘 도시의 공중화장실은 깨끗하기로 유명하지만,

이전의 공중화장실은 더러움의 상징이었다. 벽면에는 낙서로 가득했다.

뉴욕 지하철도 마찬가지였다. 1994년에 취임한 루돌프 줄리아니 뉴욕 시장은 지하철 낙서가 범죄의 심리적 온상이 되는 게 아닐까 하고 지하철 낙서를 모두 지우도록 했다. 사람들은 이런 줄리아니를 비난했다. 치안 유지에도 바쁜 공무원들을 기껏 낙서 지우기에 동원하다니.

그러나 1년 후에는 범죄가 30~40%가 줄었고, 2년 후에는 50%, 3년 후에는 80%가 줄어드는 기적이 일어났다. 조금은 과장된 수치가 아닐까 하는 생각도 든다.

'하인리히의 법칙'에 의하면 경범죄 하나를 방치하면 더 큰 사건으로 이어지고, 결국 큰 사건이 터진다는 이야기다. 사소한 낙서 하나가 범죄 심리의 온상이 된다. 모기를 없애기 위해서는 모기가 알을 낳는 웅덩이를 없애라는 것이다.

방화나 범죄 사건이 일어나면 다른 곳으로 전염되어 모방 범죄로 이어진다. 애리조나 대학 연구에 의하면 캠퍼스에서 일어난 4명 이상의 사망자가 발생한 대량 살인 사건을 보면, 대략 13일 정도의 전염 기간이 지나면 비슷한 모방 범죄가 다시 일어난다고 한다.

형태를 조금씩 달리하기도 한다. 미국에서 백인 우월주의자들이 총기난사 사건을 일으키고 나면, 대략 6건 정도의 방화 사건이 일어난다고 한다. 2015년 경북 상주에서 농약 살인 사건이 발생했다. 화투놀이를 하다가 다툼이 일어나자 화를 참지 못한 박 모 할머니가 사이다에 농약을 넣어 동료들을 살해한 것이다. 그러자 청송과 포천에서 이를 모방한 범죄가 일어나더니, 얼마 전 포항에서는 마을회관에서 주민들의 회식을 위해 끓이던 고등어탕에다 농약을 넣는 사건이 다시 일어났다.

이처럼 범죄는 유행을 타면서 들불처럼 번져 나간다. 요즘처럼 매스컴이 발달한 시기에 일단 한 건의 범죄가 일어나면 매스컴은 다투어 범죄 수법까지 자세히 보도한다. 잠재적인 범죄자들은 여기서 범죄 수법을 배운다.

모방 범죄는 잠재적인 불만이 많은 계층에서 자주 일어난다. 그런 불만이 돌파구를 찾던 중 하나의 사건이 터지면 잇따라 모방 범죄가 발생하는 것이다.

축구장 난동도 그중 하나다. 축구는 어느 경기보다 감정이 폭발하기 쉬운 경기다. 1964년 페루 VS 아르헨티나 경기에서는 300명의 사망자가 발생했고, 1969년 온두라스 VS 엘살바도르 경기에서는 아예 전쟁으로 치달았다.

월드컵 예선 2차전에서 엘살바도르가 온두라스를 이기자, 홈 텃세라며 온두라스 응원단이 항의하다가 엘살바도르 응원단에 구타를 당하고 쫓겨났다. 그러자 이에 화가 난 온두라스는 자국 내에 있는 엘살바도르인들에게 보복성 폭력을 휘둘렀다.

이것이 전쟁으로 비화하여 4천 명이 사망하고 1만 2천 명이 부상을 입었다. 이들에게는 단순한 축구장 난동을 넘어 '누적된 불만'의 표출이라는 공통점이 있었다. 분출구를 찾는 불만 계층에게 축구는 하나의 좋은 빌미가 되었던 것이다.

베르테르 효과, 자살도 전염된다

자살도 바이러스처럼 전염성을 가지고 있다. 1774년 독일의 문호 괴테가 쓴 소설 〈젊은 베르테르의 슬픔〉에서 주인공 베르테르는 연인 샤를로테에게 실연당한 뒤 권총으로 자살한다. 이것이 전 유럽으로 확산되어 자살 붐이 일어났다.

당시 자살자들은 소설 속 베르테르처럼 정장을 하고, 부츠, 파란 코트, 노란 조끼를 착용한 뒤 책상 앞에 앉아 권총으로 자살하면서 베르테르의 자살을 모방했다. 그러자 독일, 이탈리아, 덴마크 등에서는 한동안 이 책의 판매를 금지하기도 했다. 이를 '베르테르 효과werther effect'라고 부른다.

우리나라도 마찬가지다. 사회적으로 유명인사가 자살하면 이를 모방하여 자살하는 사람의 숫자가 급격히 증가하고, 우울증으로 병원을 찾는 환자의 숫자가 급격히 늘어난다. 실제로 2005년 2월에 영화배우 이은주 씨가 자살했을 때, 한 달 동안 모두 1,160명의 자살자가 발생하여 다른 해 같은 기간보다 424명의 자살자가 늘었다.

젊은 날의 김지하 시인도 세 번이나 자살을 시도했다고 한다. 실연, 가난, 방황, 폐병 등이 자살 충동을 부채질했다. 자살을 시도하기 전 그는 스승에게 '죽고 싶다'며 편지를 썼다. 그러자 스승은 긴 편지를 보내왔다. 스승은 편지에서 체관諦觀만이 해결의 길이라고 일렀다.

"노자에게 배우게. '허虛'라는 것은 그냥 '허무'가 아닐세. 그것은 참다운 용기의 근원이요 체관의 문이라네."

체관은 불교 천태종 경전인 천태학天台學을 중국에 전한 고려의 고승이다. 김지하는 그날로 노자를 읽기 시작했다.

김지하는 이렇게 말한다.

"허의 본질을 깨달으면 절대 허무로 떨어지지 않는다. 그걸 20대에 알게 됐다. 선생님은 나를 세상 밖으로 끌어냄으로써 도리어 세상 속에 편입시켜주었다."

젊은 날의 번뇌에서 김지하를 구한 것은 김 교수의 편지 한 통이었다.

플라세보와 노세보 효과

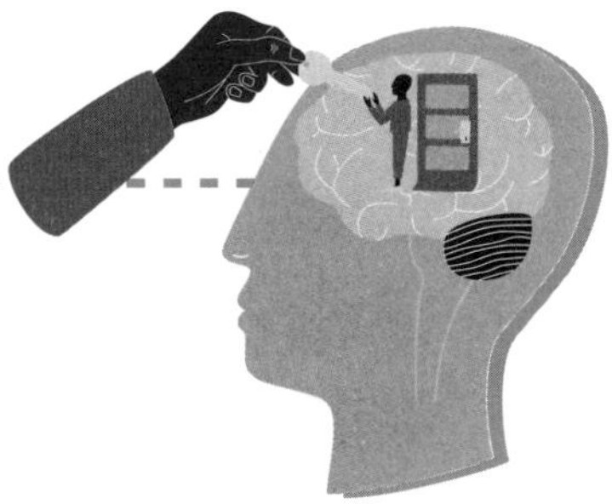

어린 시절 아이들이 배가 아프다고 칭얼거리면 엄마는 아기를 무릎에 누이고 배를 쓰다듬으면서 이렇게 말한다.

"엄마 손은 약손, 아가 배는 똥배."

그러면 아가는 스르르 잠이 든다. 의사들에 의하면 병의 절반은 환자 자신의 마음이 고친다고 한다. 긍정적인 생각으로 치료에 임하는 환자는 거의 나을 수 있지만, 틀렸다고 자포자기하는 환자는 거의 치료가 불가능하다는 것이다.

1차 세계대전 당시 부상자가 속출하여 일선 병원의 약이 동이 나자, 군의관들은 가짜 약을 특효약이라고 속이고 부상병들에게 투여했다.

그랬더니 놀랍게도 환자 상당수가 회복되더라는 것이다. 이것을 '플라세보 효과placebo effect' 혹은 '위약僞藥 효과'라고 부른다. 가짜 약이라는 의미다.

이것이 처음에는 단순히 심리적인 현상으로 알려졌으나 최근에는 신경화학적으로도 효과가 입증되어 새로운 치료법 중 하나가 되고 있다. 심리학자들에 의하면 긍정적인 상상은 의지보다 더 중요하다고 한다. 의지나 결심은 자율신경을 긴장시켜 오히려 방해될 수도 있지만, 긍정적인 상상은 긴장을 풀어주기 때문에 훨씬 더 효과적이라는 것이다.

마의 벽,
신체적 한계가 아니라 마음의 벽

세상의 일도 긍정적인 사고로 임하는 사람만이 이룰 수 있다. 세상 일은 결심한 대로 되는 게 아니고 생각하는 대로 된다.

마라톤에는 '마의 벽'이라는 것이 있다. 인간의 신체적 한계 때문에 깨지기 어려운 기록을 가리키는 말이다. 그처럼 깨지기 어려운 기록이지만 일단 한 선수가 깨고 나면, 그 벽을 넘는 선수들이 사방에서 동시다발적으로 등장한다.

마라톤 거리가 지금의 42.195km로 확정된 것은 1908년 런던 올림

픽에서였다. 그때 기록이 미국의 헤이스 선수가 세운 2시간 55분 18초였다. 그러자 사람들은 2시간 30분을 마의 벽으로 생각했다. 17년 후인 1925년 미국의 알버트 미켈슨 선수가 2시간 29분 01초를 기록하여 마의 벽을 깨자, 2시간 30분의 벽을 넘는 선수들이 사방에서 등장했다. 손기정 선수도 여기에 속한다. 여기서 의사와 스포츠 과학자들은 마의 벽을 다시 2시간 10분으로 설정했다. 그보다 더 빨리 달릴 경우 심장이 파열되기 때문에 불가능하다는 주장이었다.

2시간 10분 벽은 14년 동안 깨지지 않다가 1967년 호주의 클레이튼 선수가 후쿠오카 마라톤에서 2시간 9분 37초로 깨고 나자, 사방에서 그 벽을 넘는 선수들이 동시에 등장했다. 우리나라의 이봉주, 황영조 선수도 여기에 속한다. 현재까지는 2018년 독일 베를린에서 열린 베를린 국제마라톤에서 케냐의 킵초게 선수가 달성한 2시간 1분 39초가 세계 신기록이다.

이것을 어떻게 해석해야 할까?

바로 마의 벽은 신체적인 한계가 아니라 마음의 벽이었던 것이다. 모든 일의 성패는 마음에서 먼저 결정된다. 불가능하다고 생각하면서 도전하는 일이 성공할 리 있겠는가. 반대로 가능하다고 확신하면서 도전하는 일은 비록 한두 번의 실패는 있을지라도 반드시 이루어진다.

타이거 우즈의 캐디로 70승의 대기록을 도운 스티브 윌리엄스는 자신의 경험을 담은 《골프, 정신력의 게임Hitting the Zone》에서 긍정의 힘에 대해 이렇게 말한다.

"고수는 생각하는 대로 공이 가지만 하수는 걱정한 대로 공이 간다."

반대로 '노세보 효과nocebo effect'라는 것도 있다. 포르투갈의 포도주 운반선이 영국에 포도주를 내리고 돌아가던 중 마지막으로 냉동 창고를 점검하던 선원 하나가 밖에서 문이 잠기는 바람에 냉동 창고에 갇히고 말았다. 다행히 포도주를 모두 내린 다음이라 전원을 끈 상태였다. 그러나 창고에 갇힌 그는 '냉동'만 의식하다가 얼어 죽고 말았다. 그는 자기 암시로 사망한 것이다.

강한 긍정은 불가능도 가능으로 만들지만 강한 부정은 가능한 일도 그르치고 만다. 이것이 플라세보 효과가 우리에게 주는 교훈일 것이다. 풍토병이 돈다는 소문만으로 주민의 상당수가 발진, 구토 등의 증세가 나타나 심하면 사망에 이르기도 한다.

슬픈 예감은 틀리지 않는다

어느 약국에 손님이 찾아와 '플라세보placebo' 한 갑을 달라고 말했다. 약사가 놀라서 되물었다.

"그건 약효가 없는 약인데요?"

"아, 약효가 없는 대신 플라세보 효과가 있어서 두통이 멎기는 마찬가지입니다."

플라세보는 약효가 없는 가짜 약이지만 약효가 있다고 믿는 이에게는 진짜로 두통이 멎는 효과는 준다. 이런 경우를 '자기충족적 예언self-fulfilling prophecy'이라고 부른다.

심리학 용어로 많이 사용되고 있는 자기충족적 예언을 개념화한 사람은 미국의 사회학자 로버트 머튼이었다. 그에 의하면 잘못된 예언이 어떤 행동을 유발하고, 그 행동이 결과적으로 그 예언을 현실화시키는 경우를 자기충족적 예언이라고 정의했다.

여기서 말하는 예언은 단순한 기대와 예측이다. 주위 사람들로부터 부정적인 기대를 받거나 잘못된 예언을 듣게 되면, 결국 그 영향으로 예언대로 되는 경우다.

그리스 신화에 나오는 오이디푸스 이야기를 보자. 전설에 따르면 테베의 왕 라이오스는 아들에게 살해될 것이라는 신탁을 받는다. 이에 왕비인 이오카스테는 아들을 산에 버리고 만다. 그러나 아이는 한 목동에게 발견되었고, 코린트의 왕 폴리보스의 양자가 되어 자라났다. 청년이 되어 델포이를 방문한 오이디푸스는 드디어 자신의 신탁을 알게 된다.

이에 오이디푸스는 방랑의 길에 나섰다. 테베로 가던 중에 테베의 왕 라이오스를 만나 길 다툼을 하던 중 그를 죽이고 만다. 그러나 그가 자신의 아버지인 줄은 꿈에도 알지 못했다. 이번에는 스핑크스를 만났다. 스핑크스는 지나는 사람을 잡아 수수께끼를 내어 풀지 못하면 죽이는 괴물이었다. 오이디푸스가 그 수수께끼를 풀자 스핑크스는 자살했고, 이의 보상으로 그는 테베의 왕이 되었다.

그리고 미망인 왕비 이오카스테를 아내로 취하게 된다. 곧 그의 생모였던 것이다. 그들 사이에서 에테오클레스, 폴리네이케스, 안티고네, 이스메네 등 4명의 아이가 태어났다. 나중에 자신이 아버지를 죽이고 어머니와 결혼한 사실을 알고는 절망한 나머지 스스로 눈을 멀게 하고 딸 안티고네의 안내를 받으며 멀리 떠난다는 이야기다.

이는 신탁을 피하기 위해 발버둥치지만, 결국 신탁의 예언대로 이루어진 것이다. 신탁을 피하려고 하면 할수록, 그의 행동이 오히려 신탁을 도운 결과가 되고 말았다. 이것이 자기충족적 예언이다. 심리학자 프로이트는 아들이 어머니에 대해 애정의 감정을 느끼면서 아버지에 대해서는 질투와 혐오를 지니는 것을 '오이디푸스 콤플렉스'라고 명명했다.

믿음으로 흥하고 소문으로 망한다

미국에서 있었던 한 실험에 의하면 초등학교 담임교사에게 몇 명의 이름이 적힌 명단을 주면서, 지능 검사 결과 이들의 잠재력이 가장 뛰어난 아이들이라고 말해주었다. 그리고는 이 사실을 학생들이나 학부모에게는 알리지 말고 그냥 아이들을 지도할 때 참고만 해달라고 부탁했다. 명단은 그냥 무작위로 뽑은 아이들일 뿐이었다.

그러자 교사는 이 아이들이 뛰어난 지적 능력으로 학업에서 좋은 성과를 보일 것이라고 믿게 되었고, 결과는 놀라웠다. 8개월 후 이 아이들의 지능을 검사해보니 처음과 비교해 무려 24점이나 올랐으며, 대인관계도 다른 아이들에 비해 뚜렷한 향상을 보였다. 교사의 믿음 하나가 아이들을 변화시킨 것이다.

이번에는 1932년에 라스트내셔널 은행이 파산하는 과정을 보자. 어느날 아침부터 은행 입구에는 사람들이 기다랗게 줄을 잇고 있었다. 은행이 파산할 거라는 소문에 예금자들이 돈을 찾기 위해 길게 줄을 섰던 것이다. 그러자 예금이 바닥난 은행은 파산하고 말았다.

2007년, 영국의 노턴록 은행도 소문으로 파산했다. 이 은행의 유동성 위기가 소문으로 퍼지자, 은행 주식을 보유한 사람들은 주식을 팔고 예금을 인출하기 시작했다. 단순 예측이 현실이 된 사례다.

'피그말리온 효과pygmalion effect'도 자기충족적 예언 중 하나다. 키프로스섬의 왕인 피그말리온은 상아로 만든 여인의 조각을 보고 그녀의 아름다움에 매료되어, 하루도 빠지지 않고 그 여인상 곁에 다가가 이렇게 소원했다.

'정말로 사람이라면 얼마나 좋을까!'

이에 미와 사랑의 여신인 아프로디테는 감동한 나머지 여인상에 생명을 불어넣어 피그말리온의 아내로 삼게 되었다는 전설에서 나온 말이다.

요즘 자고 나면 뛰는 강남의 집값도 자기충족적 예언의 하나다. 정부가 강남 집값을 잡기 위해 다양한 대책을 내놓지만, 강남권 주민들이 집값은 앞으로도 더 오른다고 믿고 있는 한 내리지 않는다. 더 오를 것을 기대하는 주민들이 낮은 가격에 팔지 않으려 하기 때문이다.

정부가 다양한 대책을 내놓지만 이에 대해 전문가들도 '나도 모르겠다'는 반응을 보인다. 그러면 집값은 더 오르게 된다는 것이다.

인지부조화

인간은 자신을 합리화하려 든다. 여름 휴가철을 맞아 친구들과 놀기 위해 바닷가에 있는 펜션을 하나 예약했다. 미리 예약한 탓에 가격을 할인받을 수 있었다. 성수기라면 20~30만 원 하는 펜션이지만 미리 예약한 덕분에, 또 환불 불가라는 조건 때문에 10만 원에 예약할 수 있었다.

그러나 예약 날이 다가오자 비가 내렸다. 일기예보를 들어보니 태풍이 온다고 한다. 바닷가에서 신나게 놀기는 틀린 것이다. 한 친구가 말한다.

"가지 말까?"

"미쳤어? 10만 원이나 냈는데? 그리고 돌려받을 수도 없어!"

이때의 10만 원은 돌려받을 수 없는 이미 날아간 돈이다. 이를 매몰 비용이라고 부른다. 그러자 모임을 주선했던 친구가 말한다.

"비 오는 바닷가의 낭만도 좋아. 그냥 가기로 해."

이 경우 '비 오는 바닷가의 낭만'은 합리화를 위한 아이디어다. 처음 기대와는 다른 상황이지만 옳은 선택이었다고 믿으려는 심리가 '인지 부조화cognitive dissonance'다.

합리화,
자기를 보호하기 위한 수단

1950년대 미국에서 있었던 사례다. 한 사이비 종교의 교주가 중대 발표를 했다.

"모월 모일에 큰 홍수가 나고, 인류가 종말을 고할 것이다. 그러나 믿음이 깊은 성도들은 비행접시가 와서 구출할 것이다."

그러자 난리가 났다. 직장을 퇴직하여 퇴직금을 바치고, 재산을 정리하여 헌금으로 바쳤다. 사람들이 이런 행동을 보고 어리석은 사람들이라고 비난했지만, 신도들은 오히려 그들을 불쌍히 여겼다. 마침 종말의 날이 다가왔다. 비도 내리지 않았고 비행접시도 뜨지 않았다. 사람들이 웅성거릴 즈음에 교주가 나타났다.

그는 이렇게 소리쳤다.

"여러분의 믿음이 너무 신실해서 하나님께서 홍수를 내리는 대신 인류를 구원한 것입니다!"

전 재산을 바친 사람들은 어떤 반응을 보였을까?

놀랍게도 축제를 열어 기뻐했으며, 믿음이 더욱 강해졌다. 논리적이라면 '교주가 틀렸다'고 해야지만, 이들은 논리적인 결론 대신에 자신들의 신앙심이 강해서 하나님이 심판을 미루었다는 것에 초점을 맞추었다. 전 재산을 날리고도 주위 사람들에게 연민의 눈길까지 보낸 신도들이, 만약 교주가 틀렸다거나 사기를 쳤다고 난동을 부린다면 자신들의 존재 자체가 부정되고 만다. 그래서 자신들의 신앙심에 초점을 맞춘 것이다. 이것이 인지부조화다.

인지부조화는 합리적인 사고를 방해하고 불합리한 사고도 이성적인 사고로 믿게 한다. 그러나 프로이트의 정신분석학에 의하면 이런 유형의 합리화는 나쁜 것이 아니라고 한다. 자신의 존재마저 흔들릴 수 있는 사안에 대해 자신을 보호하기 위한 수단이라는 것이다.

현대를 살아가는 사람들에게 수많은 선택지는 좋은 결정에 도움이 되는 게 아니다. 선택지가 적정 수준을 넘어가면 오히려 나쁜 선택의 결과를 가져올 수 있으며 스트레스, 불안, 우울증까지 불러온다.

많은 선택지 중에서 어느 하나를 골랐다면 만족할까?

아니라는 것이다. 선택에서 배제된 대안을 두고 후회하게 된다. "핑크색 원피스를 샀어야 했는데."라는 후회가 다시 스트레스가 된다. 결국 조금 모자라는 선택지 중에서 하나를 선택하고, 그것에 만족하는 삶이 행복한 삶이라는 것이다.

이카로스처럼 추락한 이리듐 프로젝트

모토로라는 지구 궤도에 77개의 통신위성을 쏘아 올려 지구촌 어느 곳에서도 통화를 가능케 하는 위성통신 계획을 발진하기에 이르렀다. 이른바 '이리듐 프로젝트iridium project'였다.

이리듐 프로젝트란 이런 식이었다. 산악인 하나가 해발 8,500m의 차가운 에베레스트 산 속에서 죽어가며 마지막으로 수천km 떨어져 있는 아내와 작별인사를 나누었다. 물론 위성전화를 이용한 가상의 통화 내역이다.

"잘 자, 사랑하는 당신. 너무 걱정하지 말아요."

감동적인 그들의 마지막 대화는 전 세계인의 눈시울을 적셨다.

1991년 당시 세계 최대의 통신업체였던 모토로라는 2세대 CEO 로버트 갤빈의 지시로 이리듐 프로젝트를 발족시켰다. 이를 위해 모토로라가 최대주주인 별도의 회사를 만들고 계획을 발전시키면서 투자를 지속해나갔다.

모토로라는 지구상에 77개의 위성을 띄워 히말라야 정상에서 태평양 바다의 사람과 통화를 할 수 있는 글로벌 통신 시스템을 구축하겠다며 이리듐 프로젝트를 발진시켰다. 이리듐의 원자가가 77이어서 이리듐 프로젝트로 명명된 것이다.

이리듐 프로젝트는 흡사 그리스 신화의 이카로스 이야기를 연상케 한다. 왕의 미움을 사서 감옥에 갇힌 이카로스와 그의 아버지는 창문으로 날아드는 새털을 모아 밀랍으로 붙여 날개를 만들어 탈출에 성공한다. 탈출하기 전에 아버지는 아들에게 일렀다. 너무 높이 날아 태양 가까이 다가가면 밀랍이 녹아 추락한다며 태양 가까이 가지 말 것을 당부했다. 그러나 하늘을 날게 된 이카로스는 들뜬 나머지 태양 가까이 날아올랐고, 밀랍이 녹으면서 바다에 추락하여 죽고 말았다.

이리듐 프로젝트는 본격적인 추진 단계로 접어들 무렵, 휴대폰 성능은 하루가 다르게 진일보하고 국가 간의 로밍이 상용화되면서 이리듐 계획의 매력은 점점 더 줄어들고 있었다. 당시의 기술 발전 속도를 고려해 이리듐 계획을 중단했다면 비교적 적은 손실로 마무리되었을 것이다.

이리듐 전화에는 치명적인 단점이 있었다. 단말기가 거의 벽돌 크기인 데다, 위성과 직접 교신할 수 있는 야외에서만 통화가 가능했기 때문에 기존 휴대전화보다 효용성이 떨어졌다. 또한 이리듐은 단말기 가격만 3,000달러에 통화료는 분당 3~7달러였던 반면 일반 휴대전화 요금은 갈수록 싸졌다.

회의적인 증거가 뚜렷했는데도 이리듐은 사업을 추진, 1998년 고객

서비스를 시작했다. 그러나 바로 다음해에 이들은 15억 달러의 채무를 갚지 못해 파산신청을 했다. 1999년에 모토로라는 20억 달러가 넘는 적자를 기록했는데 그중 상당 부분이 이리듐 프로젝트와 관련되어 있었다. 모토로라처럼 승승장구하던 기업조차 실패를 겪고 몰락하는 순간이 온 것이다.

안 된다는 것을 알면서도 지금까지 투자한 돈이 아까워 포기를 하지 못한다. 이것을 '매몰비용sunk cost'이라고 부른다.

매몰비용 대신 '콩코드 효과concorde effect'라고 부르기도 한다. 콩코드는 영국과 프랑스가 미국의 보잉을 따라잡기 위해 제작한 대형 프로젝트였다. 처음부터 전망이 밝지 않았지만 그때까지 투자한 돈, 노력, 시간 등이 아까워 쉽게 포기하지 못하고 질질 끌다가 결국은 문을 닫고 말았다.

선택에 실패하는 4가지 유형

실패에도 몇 가지 유형이 있다. 2012년 구글이 내놓은 구글 글라스는 구글 최악의 실패로 보고 있다. 첨단 기술이 실패하는 이유는 시장은 안중에도 없이 기술자 위주로 사고하거나 욕심 때문이다.

1. 나르시스형

모토로라의 이리듐 계획은 50억 달러의 예산, 15개국 47개 기업이 참여하는 대형 프로젝트였으나 1999년에 44억 달러의 부채를 갚지 못하고서야 프로젝트를 포기했다.

이런 유형의 실패를 '나르시스'형 실패라고 한다. 지나친 확신과 자아도취적인 계획이다. 구글 글라스도 나르시스형에 속한다. 자기도취에 빠진 프로젝트였다는 것이다.

2. 아키루스형

과도한 욕심과 고집으로 인한 실패를 가리킨다. 소니의 베타 방식 VTR이나 폴라로이드 카메라는 지나친 자신감으로 실패한 경우다. 이러한 실패의 유형을 아키루스형 실패로 분류한다.

3. 아킬레스형

개발 과정에서 미비한 점이나 치명적인 결함을 간과하는 경우다. 꿈의 항공기로 불리는 에어버스 A-380기는 조립 과정에서 530km에 달하는 내부 전선 연결 오류를 발견되어 실패하고 말았다.

결국 비핵심 기술의 중요성을 간과한 결과로 문을 닫은 경우다. 챌린저 프로젝트에서 고무 베어링 하나가 프로젝트 자체를 망친 것과 같은 패턴이다.

4. 시지프스형

투입한 돈과 노력에 비해 별다른 성과를 내지 못하는 유형이다. 제록스는 IT사업에 대한 비전과 전략 부재로 레이저 프린팅을 제외하고 대부분의 기술 상업화에 실패했다.

1979년 제록스 연구소를 방문했던 스티브 잡스는 제록스로부터 여러 사업 아이디어를 카피했다. 그중 하나가 애플의 매킨토시였다. 결국 제록스가 개발한 기술의 열매를 애플이 차지하고 말았다. 훗날 제록스가 애플을 상대로 기술 모방에 대해 소송을 했지만, 결국 '소유권 주장이 너무 늦었다'는 이유로 기각됐다.

투자한 돈, 시간, 노력이 아까울수록 포기하지 못한다

매몰비용의 부정적인 결과는 개인의 결정에서도 발생한다. 자신이 선택한 내용이 만족스럽지 않더라도 이미 투자한 돈, 시간, 노력이 아까워 억지로라도 자신을 합리화하면서 계획을 밀고 나가는 경우다.

사법고시가 폐지되면서 지금은 없겠지만 신림동 고시촌에 가면 7~8년, 심지어는 10년 가까이 고시 준비를 하는 젊은이들을 흔히 볼 수 있었다. 이들이 고시를 포기하지 못하는 이유는 그동안 투자한 돈, 시간, 노력이 아깝기 때문이다. 또 자신의 실수를 인정하기 싫은 자기

합리화 심리도 작용한다.

주식시장에 가보면 반 토막 난 주식을 그대로 가지고 자기합리화를 하면서 고집을 부리는 사람들을 많이 볼 수 있다. 남편에게 구박받으면서도 헤어지기를 거부하는 부인의 이야기를 들어보면 딱 매몰비용 이야기다. '같이 산 세월이 얼만데', '그놈의 정 때문'으로 합리화하는 것이다.

어느 기업에서 100만 달러를 신제품 개발에 투자했다. 90%쯤 투자했을 때 나쁜 소식이 들려왔다. 바로 경쟁사에서 더 좋은 성능의 신제품을 시장에 내놓았다는 소식이다. 이런 경우 나머지 10% 투자를 할 것인가, 말 것인가 하는 문제다.

일단의 심리학자들이 연구한 바에 의하면 무려 85%가 투자를 계속해야 한다고 응답했다. 이미 투자한 90%가 아까워서다. 그러나 설문을 반대로 주면 상황도 반대가 된다.

여기서 지금까지 투자한 비용이 '0'라면 어떻게 할 것인가 하는 질문을 던졌더니 83%가 투자에 부정적이었고, 17%만이 긍정적으로 대답했다. 85%의 사람들이 미련을 떨치지 못하는 것은 이미 투자한 90%의 돈이 아까워서다. 사람은 이처럼 매몰비용의 함정에 빠지기가 쉬운 것이다.

미국의 경제학자 폴 새뮤얼슨은 《세상에 공짜 점심은 없다》라는 책으로 더욱 유명해진 사람이다.

20세기 초 미국 동북부의 술집에서는 술을 마시는 손님에게 공짜 점심을 대접하는 마케팅이 유행한 적이 있었다. 얼핏 보면 점심이 공짜인 것 같지만, 공짜 점심을 먹기 위해 술집에 와서 점심값보다 훨씬 비싼 술을 팔아 주어야 하므로 결코 공짜가 아니었던 것이다.

지금 당장은 공짜인 것 같지만, 결국은 알게 모르게 그 대가를 치러야 하는 상황은 우리 주변에 너무도 많다. 하지만 모든 선택에는 대가가 따라오기 마련이다.

방관자 효과

누가복음 10장에 착한 사마리아 여인의 이야기가 나온다. 유대인 한 사람이 예루살렘에서 여리고로 가던 도중에 강도를 만나 가진 것을 모두 빼앗기고 폭행까지 당한 채로 길가에 쓰러져 있었다. 마침 사제 한 사람이 그곳을 지나다가 그를 보고는 모르는 체하고 지나가 버렸다. 레위 사람 하나도 그를 보고는 피해 버렸다.

그러나 사마리아 여인은 그를 보고서 상처에 기름과 포도주를 붓고, 상처를 헝겊으로 싸매어 자기가 타고 온 나귀에 태워 여관으로 데려가서 간호해주었다. 다음날 자기 주머니에서 두 데나리온을 꺼내어 여관 주인에게 주면서 잘 보살펴달라고 부탁까지 했다.

"저 사람을 잘 돌봐주시오. 비용이 더 들면 돌아오는 길에 꼭 갚아드리겠소."

입만 열면 박애와 사랑을 외치던 사제와 레위인은 그냥 지나쳤으나, 유대인과 적대관계에 있던 사마리아 여인은 그를 구해주었다.

방관자가 늘어날수록 착한 사마리아인이 귀하다

유대인과 사마리아인은 아주 오랫동안 앙숙이었다. 기원전 8세기 아시리아가 이스라엘을 점령했을 때, 이들은 많은 이스라엘인을 죽이거나 추방하고 이방인들을 불러 그 지역에 살게 했다. 이 이방인들과 현지에 남아 있던 이스라엘인들과의 사이에서 태어난 자손이 사마리아인이었다.

이들은 여러 신을 섬겼기에 유대인들이 가장 혐오하던 사람들이었다. 그런 사마리아 사람이 유대인을 구해준 것이다. 성경에는 선한 사마리아인 혹은 착한 사마리아인으로 기록되어 있다.

지금도 자신의 안위를 아랑곳하지 않고 어려움에 부닥친 사람을 구하려 드는 의인도 없지 않다. 물에 빠진 사람을 구하고 정작 자신은 물속으로 빨려 들어간 의인, 아파트에 불이 나자 집마다 돌아다니며 초인종을 눌러 대피시키고 자신은 빠져나오지 못한 의인, 침몰하던 세월호에서 구명조끼를 제자에게 벗어주고 자신은 불귀의 객이 된 교사 등 이런 사연이 뉴스에 보도되어 사람들을 안타깝게 하고 있다.

그러나 도시에서는 그런 의인을 찾기가 점점 더 어려워지고 있다. 이효석의 소설 〈도시의 유령〉이라는 작품이 있다. 실제 유령이 아니라 도시가 발전할수록 소외된 외톨이 인간이 늘어난다는 이야기다. 이처럼 소외된 사람들을 유령으로 본 작품이다.

도시에서는 모두가 소외된 개인들일 뿐, 위기에 처한 이웃을 구하기 위해 나서는 사람이 거의 없다. 모두가 도시의 방관자가 되어 가는 것이다.

설마,
나 하나쯤이야

심리학에 '방관자 효과bystander effect'라는 용어가 있다.

1964년 3월 13일 금요일, 뉴욕주 퀸스 지역에서 키티 제노비스라는 28살의 여성이 새벽에 귀가하다가 집 앞에서 강도를 만났다. 제노비스는 있는 힘을 다해 강도에 저항하면서 주위 사람들에게 도와달라고 소리쳤다. 그 소리에 주민들은 창문을 열고 현장을 목격했으나 아무도 나서거나 신고도 하지 않았다. 결국 제노비스는 강도에 의해 강간, 살해되고 말았다.

심리학자들에 의하면 방관자 효과는 구경꾼이 많을수록 심해진다고 한다. '나 아니어도 누군가는 나서겠지.' 하는 심리인 것이다.

피살된 제노비스의 이름을 따서 '제노비스 신드롬genovese syndrome'이라고 부르기도 하고 모두가 구경만 한다는 의미에서 '구경꾼 효과'라고도 한다. 이 사건이 신문에 보도되자, 사람들은 모두 혀를 찼다. '어떻게 그럴 수가 있느냐?'는 반응이었다.

이와 비슷한 것으로 '링겔만 효과ringelmann effect'도 있다. 독일의 심리학자 링겔만이 재미있는 실험을 했다. 줄다리기 실험이었다. 한 팀에 100명씩 200명이 줄다리기를 할 때 과연 모두가 최선을 다할까?

혼자의 힘이 1이라고 할 때 100명이면 100이라는 힘이 나오느냐 하는 문제다. 링겔만의 결론은 참가 숫자가 늘어날수록 1인당 공헌도는 현저히 떨어지더라는 것이다.

자신에게 모든 권한과 책임이 주어지는 1:1 게임과 권한과 책임이 분산되는 100:100의 게임은 전혀 양상이 다르다. 즉 1 대 1 게임에서 1명이 내는 힘을 100%로 가정할 때 2명이 참가하면 93%, 3명이 참가하면 85%, 8명이 참가하면 49%로 떨어졌다.

'시너지 효과'와는 반대되는 현상이다. 이러한 효과를 심리학자 링겔만의 이름을 따 링겔만 효과라고 부른다. 다중 속으로 숨을 공간이 있기 때문이다. 공동의 책임을 물으면 대중은 공동의 책임감 속으로 숨어 버리고 누군가가 대신 책임져주기를 바란다.

일본에서 일어났던 사례를 보자. 특급열차 안에서 한 젊은 여성이 강제로 화장실로 끌려가 성폭행을 당한 사건이 발생했다. 2006년 8월 3일, 도쿄에서 오사카로 향하던 열차 안에서 일어난 사건이었다. 당시 객차 안에는 40여 명의 승객이 있었지만 울면서 끌려가는 이 여성을 아무도 구해주지 않았다. 신고하면 죽인다며 범인이 휘두르는 칼에 모두가 겁을 먹고는 아무도 나서지 않았다. 그녀는 결혼은 앞둔 23세의 여성이었다.

중국에서는 버스 안에서 소매치기가 남의 지갑을 훔치는 장면을 목격하고 한 여성이 "소매치기야!" 하고 소리쳤다가 소매치기에 의해 무자비한 폭행을 당했다. 그러나 버스에 동승한 승객 누구도 도와주지 않았다. 모두가 구경꾼들이었다.

하나 재미있는 것은 이러한 '방관자 효과'는 주위에 사람이 많을수록 더욱 뚜렷하게 나타난다. '내가 아니더라도 누군가는 도와주겠지.' 하면서 서로가 눈치를 보기 때문이다. 일종의 책임 분산이다. 또 섣불리 나섰다가는 자신에게도 위험이 닥칠 수 있기 때문에 나서기를 꺼리는 것이다.

우리나라에서 있었던 사례를 보자. 강원도 한 도시에서 일어난 사건이다. 한 젊은 여성이 납치범에 의해 끌려가면서 도와달라고 소리쳤다. 현장에 사람들이 몰려들었지만, 그녀를 돕기 위해 나서는 사람은 아무도 없었다. 이때 한 고교생이 휴대전화로 경찰에 신고하려 하자, 그의 어머니가 말렸다고 한다. 나중에 보복을 당할 수 있다는 이유에서였다.

'당신이 실제로 살인 현장을 목격했다면?'

2018년에 개봉한 영화 〈목격자〉는 내 일이 아니면 무관심한 현대인의 집단이기주의와 목격한 사람이 많을수록 제보율이 낮아지는 방관자 효과를 신랄하게 보여준다.

정리하자면 주위에 구경꾼이 많을수록 뚜렷해진다는 방관자 효과는 소외된 현대인의 부끄러운 참모습이다.

므두셀라와 스톡홀름 증후군

므두셀라는 노아의 할아버지로 969세까지 살았다. 성경에 나오는 인물 중 가장 오래 살았던 사람이다. 그는 나이가 들수록 과거를 회상하며 그리워했다고 한다.

과거의 나쁜 기억은 지우고 좋은 것만 간직하는 것이 정신 건강에 큰 도움이 된다. 이는 일종의 기억 왜곡 현상이지만 과거를 팩트로 인정하기보다는 과거를 아름답게 미화함으로써 자긍심을 불어넣을 수 있는 정신적인 치료제가 된다는 것이다.

지금에 와서 돌아보면 두 시간씩 걸어서 통학했던 학창 시절이 그립고, 매맞던 군대 시절이 그립다.

언제나 과거는 아름답다?

거의 대부분의 사람이 '첫사랑'은 아름답다고 추억한다. 첫사랑이 추악하다고 느끼는 사람은 거의 없다. 문학 작품에 나오는 첫사랑 이야기는 모두가 가슴 아리도록 아름답다. 황순원의 〈소나기〉, 김유정의 〈동백꽃〉, 이효석의 〈메밀꽃 필 무렵〉, 피천득의 〈인연〉 등이 그러하다.

지금의 60~70대는 맨손으로 일군 산업화가 자랑스럽고, 40~50대는 목숨 걸고 쟁취한 민주화가 자랑스럽다. 이처럼 과거를 아름답게 미화시키는 현상을 '므두셀라 증후군methuselan syndrome'이라고 한다.

남자들이 가장 신명 나게 하는 이야기가 군대 이야기다. 군대 이야기는 고생한 이야기로 점철되어 있지만 정작 이야기하는 주인공은 싱글벙글이다. 군기가 엄격한 부대일수록 즐거운 추억담이 많다. 해병대가 그러하다. 함께 고생한 사람들일수록 친근감을 느낀다.

탈북민들이 서울에 와서 가장 놀란 것은 옛날에는 그리도 먹기 싫었던 보리밥집을 찾아 차를 타고 가는 모습이란다물론 북한에는 보리밥도 귀했겠지만. 드라마 〈응답하라 1988〉도 같은 맥락일 것이다.

〈예언자〉의 작가 칼릴 지브란은 이렇게 말한다.

"추억이란 희망의 길에서 만나는 돌멩이와 같다. 추억이 있기에 길을 걷다가 넘어지면 잠시 쉬어갈 수 있는 것이다."

므두셀라 증후군이 좋은 기억만 간직하려는 심리라면 이와 반대되는 개념으로 '순교자 증후군'이라는 것도 있다. 즉 과거의 부정적인 기억만 떠올리는 증상이다. 이런 증후군에 걸리면 자신은 잘못이 없고, 늘 희생양이었다고 느낀다. 자신은 신앙을 위해, 국가와 민족을 위해 희생한 사람이라는 것이다.

나도 모르게 우리가 된다

1974년, 급진 좌파 게릴라들이 샌프란시스코의 한 은행을 습격하는 사건이 일어났다. 범행 장면을 CCTV로 지켜보던 사람들은 경악했다. 게릴라들 중에 앳된 여자가 한 명 끼어 있었는데, 그녀가 바로 미국의 언론 재벌 허스트 가문의 손녀이자 상속녀인 패티 허스트였기 때문이다. 당시 19세이며 버클리 대학 2학년이었던 패티 허스트는 연인과 함께 아파트에 있다가 2인조 급진 좌파 게릴라에게 납치되었다.

패티 허스트는 자신을 납치한 범인들과 한패거리가 되어 소총을 들고 범인들과 함께 강도질을 벌이고 있었던 것이다. 나중에 FBI에 의해 체포된 허스트는 법정에 서게 되었다. 변호사들은 그녀의 행동을 '스톡홀름 증후군stockholm syndrome' 때문이라고 변호했으나 35년 형을 선고받았다. 나중에 감형된 후에 사면되었다.

스톡홀름 증후군이란 스웨덴의 수도 스톡홀름에서 일어난 강도 사건에서 비롯된 용어다. 1973년 8월 스톡홀름의 한 은행을 점거한 강도들이 은행 직원들을 6일 동안 인질로 잡은 사건이었다. 그후에 풀려 난 인질들은 놀랍게도 인질범들을 옹호하면서 그들에게 호의적인 발언을 하더라는 것이다. 이때 수사를 도운 범죄학자이자 심리학자인 닐스 베예로트는 이런 현상을 스톡홀름 증후군이라고 표현했다.

인질 사건과 같은 극한 상황에 처하게 되면 스트레스와 두려움으로 인질범들이 베푸는 조그만 친절에도 고맙게 여기며, 서서히 그들에게 동화되어 나중에는 '우리'라는 공감대를 형성하게 된다고 한다.

1997년 페루 리마에 있는 일본 대사관에 인질로 잡혀 있던 사람들 상당수가 혁명 게릴라에게 동정적인 발언을 한 것도 스톡홀름 증후군으로 설명된다. FBI에 의하면 모든 인질범이 스톡홀름 증후군으로 빠져드는 게 아니라, 대략 8% 정도가 범인들에게 동화된다고 밝히고 있다.

프로이트와 성

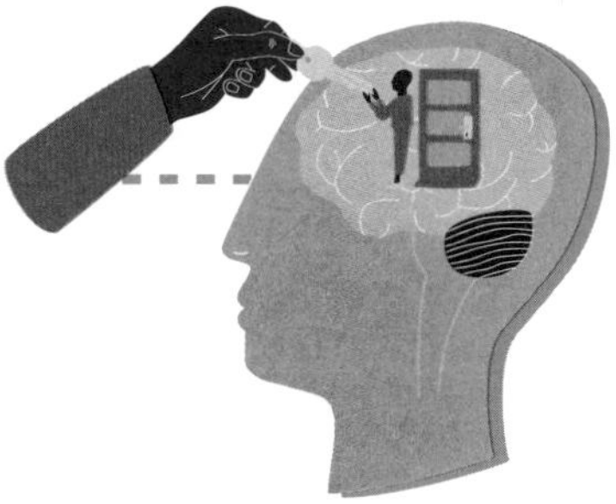

프로이트가 제안한 개념인 '오이디푸스 콤플렉스oedipus complex'는 아버지로부터 어머니를 빼앗고 싶은 유년 시절의 충동을 의미한다. 이는 프로이트의 유년 시절을 보면 이해할 수 있다. 프로이트는 오스트리아에서 유대인으로 태어났다. 프로이트는 아버지가 41세에 21살의 여자와 세 번째로 결혼하여 낳은 아들이었다.

어린 시절의 프로이트는 할아버지 격인 아버지와 정이 없었다. 그래서 그의 정신세계는 젊고 아름다운 어머니에 의해 형성되었다. 그리고 아버지에게 어머니를 빼앗기는 것에 심한 질투를 느꼈다. 이러한 감정이 후일 오이디푸스 콤플렉스로 발전한 게 아닌가 생각된다. 특기特記할 만한 사실은 그는 유대인이었지만 유대교를 믿지 않았다.

프로이트 이전 심리학은 인간의 이성을 중시했다. 따라서 교화된 문명인이라면 이성으로 욕구를 억압해야 한다고 요구했다. 심리학뿐 아니라 거의 모든 성인군자는 이성은 밝은 것으로, 감정은 인간이 피해야 할 어둠의 그림자 정도로 매도했다.

여기서 프로이트는 충동을 억압하는 것이야말로 위험하다며 육체적인 욕구를 은폐하지 말고 만천하에 드러내라고 요구했다. 모르는 체하지 말고 인정하고, 돌아가지 말고 직접 들어가라고 주장했다. 한 마디로 욕망을 발가벗기라는 것이었다.

리비도,
인간을 이해하는 첫 번째 문

프로이트를 읽으면 온통 성性 이야기들로 가득하다. 프로이트는 정신분석에서 인간의 행동이란 기본적으로 생물학적 충동과 본능을 만족시키려고 하는 욕망에 의해 야기되며, 그러한 행동을 일으키는 에너지를 '리비도libido'라고 보았다. 그리고 프로이트 심리학의 키워드 역시 리비도였다. 곧 성적 충동과 욕망이 인간을 이해하는 첫 번째 문이라는 것이다.

프로이트의 이러한 인간관은 새로운 세계관이라는 혁명을 일으켰다. 프로이트에 의하면 성적 충동인 리비도는 어려서는 내면으로, 자라면서는 외면으로 향한다. 자신이 리비도의 대상이 되는 경우를 자기애自己愛라고 번역한다. 나르키소스라고 부르기도 한다. 물에 비친 자신의 모습에 반하여 자기와 같은 이름의 꽃인 나르키소스, 즉 수선화가 된 그리스 신화의 미소년 나르키소스에서 비롯된 용어다.

이 시기에는 자신의 육체를 이성의 육체를 보듯 하고, 또는 스스로 애무함으로써 쾌감을 느끼는 것을 말한다. 예컨대 여성이 거울 앞에 오랫동안 서서 자신의 얼굴이 아름답다고 생각하며 황홀하게 바라보는 것은 이런 의미에서의 나르시시즘이다.

프로이트에 따르면 유아기에는 리비도가 자기 자신에게 쏠려 있다. 그래서 프로이트는 이 상태를 1차적 나르시시즘이라고 했다. 나중에 자라면서 리비도는 자기 자신으로부터 떠나 외부의 대상으로 옮겨 간다. 어머니일 수도 있고 이성일 수도 있다.

프로이트는 인간의 의식을 3단계의 층으로 구성되어 있다고 보았다. '이드id, 에고ego, 슈퍼 에고super ego'가 그것이다. 우리의 언어로는 '원자아, 자아, 초자아'로 번역된다.

이드는 리비도의 원천으로 이 단계에서는 욕구만 존재한다. 원시적, 육체적 욕구들이다. 아이들이 시도 때도 없이 이런저런 요구만 하는 것과 같은 이치다.

에고는 겉으로 드러나고 현실 속에서 반응을 보이는 나, '자아'다. 성인이 되어서도 에고가 형성되지 못하면 매사 자기중심적이 되어 정상적인 사회생활을 할 수 없게 된다. 남에 대한 배려가 거의 없고 범죄, 폭력, 살인을 저지르는 유형으로 분류된다.

초자아는 자아보다 상위에 있는 개념으로 부모, 도덕, 교육, 사회를 통해 깨달은 이상과 가치다. 이드나 에고를 억제하는 존재가 초자아다. 이드가 강하면 주위 사람들을 괴롭히고 초자아가 강하면 자기 스스로를 괴롭힌다. 초자아가 강한 사람은 자신의 욕망을 지나치게 억제하려 든다. 금욕주의자, 성직자, 철인들에게 많다. 아마도 인류의 성인들은 모두 초자아가 강했던 존재가 아닐까 싶다.

리비도, 성적 욕망 VS 정신적 에너지

프로이트보다 19살이 아래였던 카를 구스타프 융은 스위스에서 목사의 아들로 태어나 바젤 대학 의학부를 나와 그곳에서 의사를 했다. 프로이트의 책을 읽고 죽이 맞은 융은 거의 사제 간으로 느껴질 정도로 학문을 함께했다.

그러나 프로이트가 리비도를 지나친 성적 욕망으로만 해석하는 데에 반기를 들고, 프로이트와 헤어져 독자적으로 무의식 세계를 탐구하여 '분석심리학'을 창안했다. 프로이트가 무신론자인 데 비해 융은 독실한 기독교 신자로 알려지고 있다. 융으로서는 하나님 앞에 인간의 육체적 욕망을 적나라하게 드러낼 수 없었는지도 모를 일이다.

융은 리비도를 성적인 에너지에 국한하지 않고 훨씬 넓은 삶의 정신적인 에너지원으로 보고 있다. 융은 프로이트를 넘어 의식, 무의식, 집단무의식의 개념을 발견한 장본인이다.

융이 프로이트와 결별했지만 모든 개념과 이론 및 방법론을 거부한 것은 아니다. 성적 결정론을 제외하고는 상당수의 개념과 이론 그리고 방법론을 받아들이거나 확대, 발전시켰다고 보는 것이 맞을 것 같다. 그는 인간의 성격을 성적 본능에만 예속되어 있는 존재로 보지 않고 전인적인 존재로 보려 했다.

특히 그는 정신이란 스스로를 방향 지을 수 있는 독자성을 지니고 있는 존재로 보고 있다. 프로이트가 인간의 정신을 성적 본능에 종속되는 존재로 보는 것과 달리 융은 인간의 정신을 상당히 자율성을 지닌 존재로 보고 있다. 또한 프로이트가 소홀히 하거나 설명하지 않은 정신적 구조와 역동성에 대하여 한발 더 나아가고 있다.

무의식의 세계를 더욱 확장시킨 것도 융이었다. 프로이트로서는 자신의 핵심 이론이 공격당하는 데에 더 이상 참지 못하고 융을 사이비 의사라며 매도했고, 융은 프로이트를 부르주아 학자이고 신의 자리에 성적 리비도를 앉힌 장본인이라고 비난했다.

어느날 융이 프로이트의 집을 방문했을 때 프로이트에게 초심리 현상에 대해 어떻게 생각하느냐고 물었다. 그러자 프로이트는 쓸데없는 소리 말라며 무시해 버렸다. 이때 융의 눈이 시뻘겋게 달구어진

쇳덩이에 데인 것 같은 느낌을 받았다. 그 순간 책장 쪽에서 굉음이 들렸다.

융은 그 소리가 자신의 정신적 상태가 외부로 표출되는 현상이라고 말했고, 프로이트는 터무니없는 소리라고 무시했다. 이때 융이 그 소리가 다시 한 번 날 것이라고 예언했고, 말 그대로 다시 소리가 났다. 융이 눈가에 다시 충격이 왔기에 그런 예언을 할 수 있었던 것이다. 이에 충격을 받은 프로이트는 서재에서 일어난 사건의 정체가 무얼까 고민했다.

후에 프로이트는 '유령의 두드림'이라고 설명했다. 초심리학에서는 이를 '폴터가이스트poltergeist'라고 부른다. 독일어로 '노크하다polter'와 영혼geist'을 합친 단어다. 이유 없이 문이 저절로 열리거나, 책장이 움직이며, 전구가 깨지는 등의 현상을 뜻한다. 융은 정신적 상태가 외부로 표출되는 현상으로, 초능력 상태가 외부에 영향을 미치는 것으로 보았다.

끼리끼리 심리

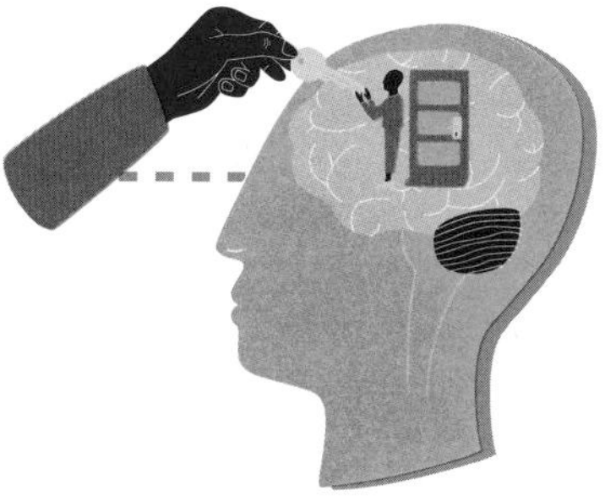

사람들은 유사성을 가진 사람들은 가장 반긴다. 기차에서 만난 사람끼리 이야기를 트는 것을 보면 성씨를 물은 다음에는 다시 본관本貫을 묻는다. 아니면 고향을 묻는다. 이렇게 하여 공통점이나 유사성이 발견되면 조금씩 친해진다.

여기다 군이나 사회생활에서 일치하는 부분까지 있으면 금세 가까워진다. 중년에 이른 남자들은 같은 군 출신의 후배를 만나면 오랜 친구처럼 반긴다. 해병대의 경우가 가장 심한 것 같다. 유사점, 공통점이 이들의 유대관계를 이어주는 고리인 셈이다.

유사성 효과, 타인과의 공통점으로 나를 확인한다

남녀가 처음 만날 때도 취미가 같거나 유사한 경험을 공유하고 있으면 쉽게 친해진다. 면접관의 심리도 마찬가지다. 지원자의 출신 학교, 고향, 취미 등이 일치할 경우에는 자신도 모르게 더 높은 점수를 주게 되는 현상이다. 이런 현상을 '유사성 효과simility effect'라고 한다.

페이스북의 성공 요인도 여기에 있는 것 같다. 페이스북에는 자신이 좋아하는 음악, 영화, 책, 취미 등을 선택하면 자신과 일치하는 항목이 많은 회원을 연결해주는 프로그램이 있다. 서로 친구가 되어보라는 제안인 것이다.

연구에 따르면 취미, 경제적 능력, 학력 등에서 유사성이 발견되면 급격히 가까워진다고 한다. 우리나라의 경우에는 출신 지역이나 정치적 성향도 중요한 항목 중 하나다.

이러한 심리적인 상태를 쉽게는 유유상종으로 풀 수 있다. 유사한 배경을 가진 사람들이라면 경험을 공유할 수 있고, 화젯거리도 풍부해지면서, 쉽게 친해질 수 있기 때문이다.

그러나 인류학적으로는 좀 다른 해석이 가능하다. 인류는 애초에 산자락 아래에 옹기종기 모여 부족생활을 시작하면서 모든 문화와 가치관을 공유하면서 살아왔다. 그래서 외부 부족과의 갈등이 있을수록 내부적인 결속을 더욱 공고히 했다. 그래서 외부 사람을 만나면 우리

편인지 아닌지를 먼저 따지게 됐다는 것이다.

또 다른 심리적 해석으로는 나르시시즘에서 찾고 있다. 모든 인간은 외로움이라는 굴레에 매여 있는 '나'라는 감옥에 갇혀 있는 존재다.

많은 사람이 부대끼는 사회라도 인간관계는 한정되어 있으며 혼자만의 감옥이기는 마찬가지다. 이런 상황에서 타인과의 관계를 통해 끊임없이 '나'를 확인하고 싶어 한다. 즉 나와 공통점이 있는 타인으로부터 나를 확인한다. 공통점이 많은 두 사람은 서로가 존재의 정당성을 부여해준다.

좀 웃기는 이야기지만 어느 기업의 면접에서는 특정 지역 사투리를 써야만 합격한다는 이야기도 있을 정도다. 유사성의 위력을 말해주는 에피소드일 것이다. 여성의 경우, 아버지와 출신 학교가 같다거나 닮은 점이 많은 남성에게 이끌리게 되는 경우도 이에 해당한다.

미국 텍사스주의 샘휴스턴 대학에서 재미있는 실험을 했다. 이름의 유사성이 미치는 영향을 탐색하는 실험이었다. 설문을 작성하여 받는 사람의 이름과 흡사한 이름으로 설문을 보냈을 때와 상이한 이름으로 보냈을 경우의 반응을 살피는 것이었다. 그랬을 때 비슷한 느낌의 이름으로 발송된 설문 회신율이 월등히 높았다.

헤어짐도 마찬가지인 듯하다. 그렇게 친밀감을 느끼던 사람이지만 어느 순간 상대방에서 전혀 생각하지 못했던 성향을 발견하면 급격하게 친밀도가 낮아진다. 해병대 이야기로 꽃을 피우던 중 어느 한 사람의 정치적 성향이 나와 정반대라는 것을 깨닫는 순간 멀어지게 된다는 것이다. 우리나라처럼 진보와 보수의 대립이 치열한 나라에서는 정치적 성향 또한 중요한 변수로 작용한다.

웨스터마크 효과, 왜 인간은 근친상간을 금기할까?

왜 인간은 형제, 자매 사이의 결혼을 기피하는가?

인간이 성性에 처음으로 눈뜨는 사춘기 시절에 가장 가깝게 접할 수 있는 상대는 바로 누이나 오빠, 심지어 부모가 될 수 있을 것이다. 가장 접촉이 많으면서도 결혼이 드문 이유는 심리학자들의 연구 대상이 되었다. 근친혼은 인간뿐 아니라 동물에서도 흔하지는 않다. 인간의 경우 남매간의 결혼은 기껏해야 1% 미만이라고 한다.

정신분석학자 프로이트는 인간이 근친상간에 끌리는 것은 당연하지만 사회적으로 금기시된 터부 때문에 억압된 것뿐이라고 반박한다. 프로이트에 의하면 어린아이는 누구나 반대쪽 성의 부모에게 성욕을 느끼지만, 발달 과정 중 강력한 근친상간 금기로 말미암아 이런 욕망이 억압되었다고 보고 있다. 이에 대해 일부 학자들은 프로이트야말로 유모 손에서 자란 탓에 드물게 만나는 어머니에 대해 성욕을 느꼈을 거라고 진단하기도 한다.

학자들은 프로이트가 말하는 사회적 관습에 의한 근친상간 금기보다 '더 근본적인 이유가 있지 않을까?' 하면서 연구를 이어가고 있다.

다른 첫 번째 이유는 생물학적 접근으로 근친 교배에 의해 유전자 풀pool의 다양성이 줄어드는 것을 막기 위한 장치라고 설명한다. 프랑스 작가 위스망스의 소설 〈거꾸로〉의 주인공 데제생트는 유서 깊은 가문 출신이지만 우람한 체격의 선조들과는 달리 어릴 적부터 유약했으며 섬세한 감성을 가졌다.

작가 위스망스는 이에 대해 이 가문이 근친혼을 너무 많이 했기 때문에 기력이 소진된 것이라고 설명하고 있다. 근친혼이 반복되면 열성 유전자가 모이면서 유전 질환의 위험이 높아진다. 유전자 풀의 다양성이 줄어들면 환경 변화에 적응하기 힘들게 되므로 본능적으로 근친혼을 기피한다는 것이다.

두 번째 설명은 소위 '웨스터마크 효과westermarck effect'다. 핀란드의 사회학자 에드워드 웨스터마크는 《인간혼인사The History of Human Marriage》를 통해 아동기에 함께 자란 남녀 사이에서는 서로를 너무 잘 알고 있기에 서로에게 성적 매력을 느끼지 못한다고 주장한다.

이와 비슷한 이론으로 인류학자 말리놉스키는 형제자매를 포함한 가족 간의 성적 결합은 가족의 분열을 조장하기 때문에 금지되었다는 '가족분열 이론'을 제기하고 있다.

인류학자 조셉 셰퍼는 이스라엘의 키부츠 연구를 통해 유년 시절을 함께한 남녀의 결혼이 쉽지 않음을 밝히고 있다. 이스라엘의 아이들은 키부츠kibbutz라는 공동체에서 자란다. 아이들은 어렸을 때부터 부모에게서 떨어져 함께 먹고 자며 형제처럼 자라난다. 모두가 남매처럼 친하게 되는 것이다.

이들의 결혼 사례 수천 건을 조사한 바에 의하면 같은 키부츠에서 성장한 또래 남녀가 결혼한 경우는 수십 건에 불과했다. 그중에서도 6세 이전에 함께 지냈던 부부는 한 쌍도 없었다. 조셉 셰퍼는 이 연구를 통해 6세까지가 성적 선호도를 결정하는 가장 중요한 시기라고 말하고 있다.

심리학자 아서 울프는 타이완의 민며느리 제도를 연구했다. 민며느리 제도란 여아가 30개월 이전에 남자 집안으로 입양되어 살다가 성인이 되면 결혼하는 제도를 말한다. 그러나 이 제도를 통해 결혼한 부부는 일반 부부에 비해 이혼율이 세 배나 높았으며, 아내의 외도도 두 배 이상 높았다. 또 자녀의 수도 일반 부부의 평균보다 40% 정도 적었다.

울프는 인간은 천성적으로 가까운 친족과의 육체적 관계를 혐오하기 때문에, 어린 시절부터 함께 자란 남매가 성인이 되었을 때 함께 자는 것을 본능적으로 싫어한다고 주장한다. 이것이 근친혼이 드문 이유를 설명하는 이론 중 하나다.

님비와 핌피

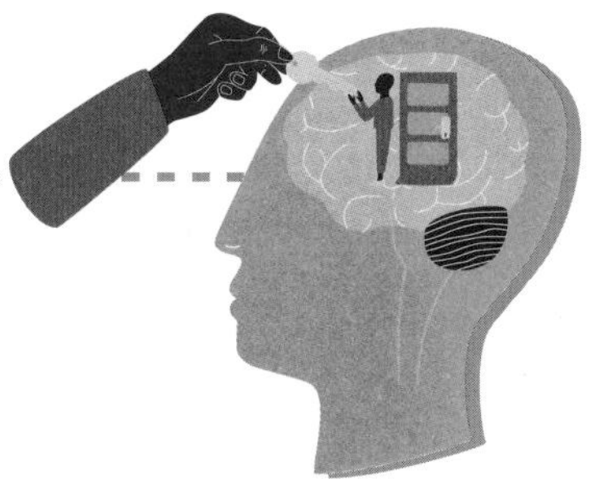

사람이 집단을 이루게 되면 개인은 집단 속에 묻혀 버리고 집단 전체의 평균으로만 저울질 된다. 아무리 선한 사람이라도 그 선행은 희석되어 다소 '악하게' 표출된다. 그래서 나만 손해라는 생각을 하게 되는 것이다. 또 사람의 행동을 제어하는 것이 얼굴, 양심, 체면 등 이런 것들인데 집단이 되면 이것 역시 묻혀 버린다.

이러한 익명성이 보장되기 때문에 이성적이기보다 감성적으로 변하게 된다. 소위 말하는 군중 심리가 작동하게 되는 것이다. 그래서 집단이 되면 인간은 아주 이기적인 행동을 할 수 있다. 언젠가 예비군 훈련장에서 교관에게서 들은 이야기다.

"예비군복만 입혀 놓으면 판사도, 목사도, 의사도 매한가지더라."

예비군복을 입으면 군중 속으로 매몰되기 때문에 나 혼자 고매한 척해도 표시가 나지 않는다. 나 혼자 도덕적으로 높은 수준을 유지하려 해도 전체에 전혀 표시가 나지 않을뿐더러, 자칫하면 집단 따돌림을 당할 우려까지 있다. 그래서 집단은 도덕적으로 높은 수준을 유지하기가 지극히 어려운 것이다.

욕심과 탐욕의 경계는 어디일까?

경제 논리는 사람의 욕심, 이기심을 대전제로 출발한다. 모든 경제 주체들이 자신의 욕망을 채우기 위해 이기적으로 노력한 결과를 사회적인 선이라고 보는 것이다. 그런데 근로자들의 단체행동, 핵물질 폐기장이나 혐오시설 유치에 반대하는 님비 현상은 자주 비난을 받는다.

개인의 욕심은 용인되는데, 집단의 욕심은 왜 집단이기주의니 뭐니 하면서 비난의 대상이 되어야 하는가?

근로자들이라면 나의 노동 가치가 내가 받는 보수보다 훨씬 높다고 생각되면 더 많은 연봉을 요구할 수 있고, 내가 사는 동네에 혐오시설이 들어서면 집값이 떨어지고 환경이 오염되니 당연히 반대할 수 있는 것이다.

집단의 요구가 비난받기 쉬운 것은 익명성이라는 안전장치 속에서 자칫 지나칠 수 있다는 점에서다. 또 개별 경제 주체들의 행위는 양측 모두가 동의하는 선에서 가격을 매개로 평화적으로 이루어지나, 집단 행동은 자주 폭력적으로 이루어지기 때문이다.

또 집단의 행동은 보통 그것을 통해서 내가 얻을 수 있는 것보다 전체에 끼치는 피해가 훨씬 더 클 수 있다. 예를 들면 근로자 1,000명이 연봉 100만 원의 인상을 요구하면서 파업을 하는 동안 기업에 100억 원의 손실을 끼쳤다면, 이들은 회사의 손실 100억 원을 담보로 자신들의 이익 10억 원을 챙겼다는 이야기가 된다.

다시 말하면 집단행동을 통해 자신들이 얻을 수 있는 이익보다 훨씬 더 큰 전체의 손실을 담보로 하는 경우가 대부분이라는 것이다.

그래서 집단행동은 대부분 비난의 대상이 되는 경우가 많다. 물론 정당한 집단행동은 보장되어야 한다는 점을 전제로 하고서 말이다.

인간의 욕심은 일단 인정하기로 하자. 그러나 그것이 지나쳐 자신과 사회를 망칠 경우에는 단순한 욕심의 경지를 넘어 탐욕이 된다. 욕심과 탐욕의 경계는 어디일까?

그것은 기준이 마땅치 않다. 추상적으로 말하자면 사회 구성원의 평균적인 생각에서 몇 배 정도 편향되었다면 탐욕으로 볼 수 있을까?

아무튼 건전한 상식을 훨씬 넘어서는 경우를 우리는 탐욕이라고 말한다.

좋은 건 우리가,
나쁜 건 우리가 아닌 누구라도

미국의 엔지니어인 C.스타는 오랫동안 인간이 처할 수 있는 위험에 대한 연구를 수행하면서 재미있는 현상들을 발견한다. 원자력 발전소 사고로 사망할 확률은 사냥을 하거나 스키를 타다 사망할 확률보다 훨씬 낮은 데도 사람들은 원자력 발전소를 훨씬 더 위험하게 느낀다는 것이다.

베트남 전쟁에서 죽을 확률은 도시에서 젊은이들이 오토바이를 타다 죽을 확률 정도밖에 안 됐지만, 사람들이 느끼는 체감 위험은 전쟁이 훨씬 크다.

C.스타는 사람이 느끼는 위험의 정도는 자발성과 비자발성에 있다는 사실을 발견했다. 스키와 사냥, 오토바이를 타는 것은 자발이지만 전쟁에 징집되거나 원자력 발전소가 집 근처에 들어오는 것은 '비자발적'이다.

우리나라는 20기 이상의 원자로를 보유하고 있는 세계 6위의 원전 강국이다. 원전은 잘만 운용하면 저렴한 비용으로 전기를 얻을 수 있다는 이점을 가지고 있지만, 치명적인 사고의 가능성도 함께 안고 있다.

구소련의 체르노빌이나 일본 후쿠시마 원전과 같이 한 번 사고가 일어나면 그 여파는 이만저만 한 게 아니다. 원자력 발전에는 안전한 것이 위험하다는 속설이 있다. 위험을 예방하기 위한 안전관리 체계를 구축함으로써 객관적으로 안전성을 확보하는 경우, 더 큰 위험성을 지닌 상황이 기다릴 수 있기 때문이다. 자동제어 브레이크ABS가 장착된 자동차로 고속도로를 질주하는 운전자도 마찬가지다. 만약 ABS 자체에 결함이 생긴다면?

생각만 해도 끔찍스러운 가정이다. 안전에 대한 근거 있는 믿음이나 신뢰를 줄 만큼 잘 구축된 안전관리 시스템이 더 위험할 수 있다는 의미다.

원전에 대한 이러한 위험 때문에 독일, 프랑스 등 유럽 국가들은 탈원전 정책을 추진하고 있다. 우리나라 역시 문재인 정부 들어서 탈원전 정책을 기조로 하여 건설 중이던 신고리 원자로 5, 6호기의 건설을 중단했다.

그런데 재미있는 현상이 벌어지고 있다. 국내적으로 탈원전을 추구하고 있는 정부가 해외 원전 건설 수주에는 적극적으로 나서고 있는 것이다. 사우디아라비아 원전 수주 경쟁에 뛰어들어 원전수출전략협의회를 구성하고 최종 수주에 성공하기 위해 발 빠르게 대응하고 있다. 사우디아라비아는 2018년 연말을 기해 원전 2기사업 규모 200억 달러, 21조 4천억 원를 발주하는 것을 시작으로 향후 5년 동안 모두 16기의 원전을 건설할 계획이다.

사우디아라비아가 발주한 대규모 원전 프로젝트는 최근 실권을 잡은 무하마드 빈 살만 왕세자가 천명한 에너지 전환 정책의 일환이기도 하다. 우리나라는 미국, 중국, 프랑스, 러시아 등과 함께 예비 사업자로 선정되었다. 한국은 이미 UAE로부터 한국형 원자로 4기를 수주한 경험도 가지고 있다.

그러나 냉철히 생각해보자. 국내적으로 탈원전을 추구하면서 다른 나라의 원전 건설에 적극적으로 참여하는 것은 또 다른 이기주의라는 자기모순에 빠지게 된다. 원자력 발전은 방사능 오염이나 만약의 경우에 있을지도 모르는 사고의 위험 때문에 쓰레기 소각장, 장애인 시설, 화장장 등과 함께 기피시설로 인식되고 있다.

꼭 필요한 시설이지만 우리 지역만은 안 된다는 지역 이기주의를 '님비NIMBY 현상'이라고 부른다. NIMBY는 'Not in my back yard'의 줄임말로 공공의 이익은 되지만 자신이 속한 지역에는 절대 안 된다는 이기적인 행동을 말한다. 남의 나라에 위험을 수출하면서 경제적인 이익을 취하는 것도 님비와 다를 바 없는 행동이다.

님비 현상과 반대되는 것으로 '핌피PIMFY 현상'도 있다. PIMFY는 'Please in my front yard'의 줄임말로 지역 발전에 유리한 시설들을 적극적으로 유치하려는 현상을 가리킨다.

예를 들면 동남권 신공항 유치를 위해 대구, 울산권과 부산, 경남권이 힘겨루기를 하는 모습이다. 이 외에도 호남고속철도 노선을 놓고 대전광역시와 충청남도가 대립한 것이나, 삼성의 자동차 공장 유치를 위해 대구와 부산이 치열하게 다투었던 일들이 핌피 현상들이다.

공유지의 비극,
개인의 사리사욕이 공동체를 파괴한다

〈공유지의 비극The tragedy of the commons〉은 경제학자나 심리학자가 아닌, 생물학자에 의해 제기된 개념이다. 1968년 12월, 생물학자 개릿 하딘은 〈사이언스〉에 실린 논문에서 인간의 개인주의적 사리사욕이 결국은 공동체 전체를 파괴할 것이라고 주장했다.

그는 목초지를 예로 들고 있다. 한 목초지가 모두에게 개방되어 있다. 즉 그 목초지는 공유지다. 소를 키우는 사람들은 거기에서 저마다 가능한 많은 소를 키우려고 할 것이다. 공유지는 비극을 낳게 되어 있다. 결국 시간이 지나면서 목초지는 풀 한 포기 자라지 못하는 불모지가 되어 버렸다. 목초지는 한정되어 있는 데 비해 모두가 소의 개체수를 늘려나갔던 것이다.

또 다른 사례로는 캐나다 그랜드뱅크 어업의 몰락이 있다. 그랜드뱅크는 캐나다 뉴펄랜드 해안가의 어업 구역으로 수세기 동안 어부들은 이 지역에서 무한한 양의 대구가 잡힐 것으로 생각했다. 그러다 1960~1970년대에 어업기술의 진보가 이루어지면서 대규모의 대구잡이가 시작되었다. 그러자 물고기의 개체수는 급감했고, 1990년대에 이르러 그랜드뱅크 어업은 몰락했다. 과학자들은 그곳 생태계가 이미 돌이킬 수 없을 정도로 타격을 입은 것으로 보고 있다.

그래서 공유지에도 주인이 있어야 한다. 마을 앞에 넓고 깨끗한 연못이 있다. 마을 사람들 모두가 몰려나와 낚시를 드리웠다. 그러자 연못은 곧 쓰레기장이 되어 버렸다. 마을 사람들이 대책을 논의하여, 연못을 유료화하기로 결정했다. 유료 낚시터가 된 것이다. 그러자 더 많은 사람이 찾아와도 이전보다 쾌적한 환경에서 낚시할 수 있게 되었다.

자원을 고갈시키지 않으려면 자원이 재생될 수 있도록 충분한 시간을 주어야 한다. 모두가 개인의 욕심에 따라 행동하다가는 자원은 금방 고갈되고 만다. 모두가 절제해야 하지만 탐욕스러운 인간에게는 눈앞의 이익밖엔 보이지 않는다는 것이다.

공진화와 평균회귀

아프리카 초원에 사는 치타가 가장 좋아하는 먹이는 영양이다. 만약 치타의 달리는 속도가 월등히 빠르다면 아프리카 초원에서 영양은 모두 사라질지도 모를 일이다. 그러나 치타의 속도가 빨라지면 달아나는 영양의 속도 또한 빨라지면서 치타와 영양은 균형을 이루는 것이다.

이러한 현상을 '공진화coevolution'라고 부른다. 공진화란 서로 다른 복수의 종이 서로 생존이나 번식에 영향을 끼치면서 진화하는 현상으로 식물과 곤충의 진화, 포식자와 피식자, 기생자와 숙주 등 어느 한 종의 진화가 다른 종의 진화를 일으키는 현상을 가리킨다.

야구에서 4할대 타자가 사라진 이유?

루이스 캐롤이 쓴《이상한 나라의 엘리스》를 보면 엘리스와 여왕은 힘껏 달리지만 여전히 그 자리에 머물고 있다. 엘리스가 말했다.

"우리나라에서라면 이렇게 달렸으면 벌써 어느 곳엔가 다다랐을 거예요."

그러자 여왕이 말한다.

"여기서는 이렇게라도 달려야 겨우 제자리에 머물 수 있는 거야!"

주위가 모두 달리기 때문에 일어나는 현상이다. 이런 현상은 스포츠에서도 자주 나타난다.

미 프로야구 역사상 가장 높은 타율은 1920년 메이저리그에서 로저스 혼스비가 기록한 0.424로 아직도 깨지지 않는 기록이다. 메이저 리그에서 다시 4할대 타자가 등장한 것은 20년 후였다. 1941년 테드 윌리엄스가 4할 6리0.406를 기록한 것이다. 한국전에도 참여한 적이 있는 테드 윌리엄스는 19년 동안 0.344의 타율을 기록했다. 그 이후에는 아직도 4할대 타자가 나타나지 않고 있다. 우리나라 기록은 프로야구 청룡 시절의 백인천 감독 겸 선수가 1982년에 기록한 0.412로 아직 깨지지 않는 기록으로 남아 있다. 일본 프로야구에서는 아직 한 명도 나타나지 않고 있다.

4할대 타자가 왜 사라졌는가?

사람들은 그냥 쉽게 타자들의 기량이 이전보다 못하다는 말로 설명하고 있으나 고생물학자 제이 굴드는 《풀하우스Full House》에서 치타와 영양의 관계에서 보듯이 투수와 수비수의 기량이 모두 향상되었기 때문이라며, 공진화의 자연스러운 현상이라고 설명하고 있다.

스포츠에서 말하는 2년 차 징크스도 마찬가지다. 프로 1년 차 선수의 기량은 아직 노출되지 않은 상태이기 때문에 좋은 기록을 내는 경우가 많다. 그러나 2년 차가 되면 그 선수를 공략할 무기를 개발하여 집중적으로 견제에 나서기 때문에 2년 차에는 성적이 나쁜 경우가 많다는 것이다. 이것을 2년 차 징크스라고 부른다. 따라서 롱런하기 위해서는 끊임없이 새로운 무기를 개발하지 않으면 안 된다. 이것이 살아있는 생태계의 참모습이다.

미 프로야구 양키즈의 투수 루이스 세베리노는 2015년 양키즈와 계약을 하고 첫 해에 5승 3패의 성적을 올리며 잔뜩 기대를 모았다. 그러나 2년 차인 2016년에는 3승 8패로 부진에 빠졌다.

심리학자들은 이렇게 말하고 싶을 것이다.

"1년 차에 너무 잘해서 2년 차에는 자만에 빠진 결과다."

그러나 2017년에는 14승 6패, 2018년에는 13승 2패로 다시 양키즈의 구세주로 떠오르고 있는 선수다. 시속 100마일이 넘나드는 그의 공을 당분간 공략하기 힘들어 보인다. 스피드를 올리고 다양한 구질로 무장한 결과물이다.

칭찬보다
징벌이 더 효과적이다?

'평균으로 회귀regression toward the mean'는 스포츠에서 흔히 나타나는 현상이다. 데뷔 첫해에 3할을 때린 야구선수가 있다고 해보자. 그런 선수가 이듬해에는 2할에 그쳤다면 사람들은 그 선수를 비난한다. 벌써 겉멋이 들었다는 비난이다.

그러나 이렇게 가정해보자. 그 선수가 가진 원래의 능력이 2할 5푼이라고 가정할 때, 첫해에 3할을 때렸다면 다음해에는 2할을 때려야 자신의 평균인 0.25에 수렴하게 된다.

프로 야구에서 선발 타자로 막 승격한 신인 선수가 3안타를 치고, 간판스타들이 무안타를 기록하는 경우도 있다. 이것만으로 이 신인 선수가 우수하다고 판단하는 것은 무리다. 1년 차에 성적이 좋은 선수는 2년 차에 떨어지고, 그 반대인 경우에는 2년 차에서 성적이 향상되는 것이 일반적이다.

평균으로 회귀의 원조는 영국의 유전학자 프랜시스 골턴이다. 그는 1886년 부모 400명과 그들의 장성한 자녀 900명 이상의 키를 측정했다. 그 결과 부모 신체의 극단적 특성들큰 키, 작은 키은 완전히 유전되지는 않으며, 시간을 두고 평균으로 회귀하는 현상을 밝혀냈다.

2002년 노벨 경제학상을 받은 카너먼 교수는 심리학자다. '심리학자가 경제학상을?' 의아하겠지만 그는 인간의 소비 행동이 그리 합리적이지 않다며 경제학의 아버지 애덤 스미스의 이론에 정면으로 반기를 든 사람이다.

한때 그는 비행학교에서 근무한 적이 있었다. 한 교관이 비행 성과와 체벌 사이의 관계를 법칙으로 도출한 적이 있었다. 그 내용은 조종 훈련에서 훌륭한 성과를 낸 훈련생을 칭찬하면 다음 비행에서는 별로 잘하지 못하고, 반대로 비행을 잘하지 못한 훈련생을 야단치면 다음에는 실력이 나아지는 경우가 많다는 법칙이었다. 그래서 칭찬보다는 징벌이 효과적이라고 주장했다.

이에 카너먼은 그 교관의 주장을 평균으로의 회귀를 착각한 좋은 사례라고 지적했다. 평균으로의 회귀를 무시하는 것도 소수의 법칙에 따른 착오다. 단 몇 번의 평가로 전반적인 능력을 평가해 버리는 오류라는 것이다.

평균으로 회귀는 어쩌면 세상의 이치를 담고 있는지도 모른다. 양의 기운이 강해지면 이미 음의 기운이 자라고 있고, 음의 기운이 강해지면 양의 기운이 자란다는 주역의 이치와도 같다. 2018년 여름은 뜨거웠다. 그러면 그해 겨울이 춥다는 것을 우리는 경험칙으로 알 수 있다. 그래야 평균에 수렴하기 때문이다.

주식시장도 한 번 크게 올랐으면 머지않아 크게 내리는 것이 평균으로 회귀다. 개인이나 기업도 이 법칙을 크게 벗어나지 못한다. 빠르게 성장하는 기업은 그만큼의 위험이 내부적으로 도사리고 있다.

승자의 저주, 성공에의 자만이 몰락의 시작이다

왕조나 국가, 기업이나 부자도 마찬가지다. "부자富者는 3대를 넘기기가 어렵다."라는 격언이 있다. 이는 동서고금이 마찬가지인 듯하다. 영어권에서는 이 속담을 "Shirtsleeves to shirtsleeves in three generation."로 표기하고 있다. "셔츠 차림으로 시작해서 3대 안에 다시 셔츠 차림으로 돌아간다."라는 의미다. 여기서 소매 없는 셔츠는 주머니가 없는 빈털터리라는 뉘앙스를 풍긴다.

독일에는 "아버지는 재산을 모으고, 아들은 탕진하고, 손자는 파산한다."라는 속담이 있다. 수성의 어려움을 말해주는 속담이다. 국가마다 오랫동안 부를 지킨 가문이 있다. 하지만 300년 이상 수성을 한 가문으로는 독일계의 로스차일드, 이탈리아의 메디치, 한국에는 경주 최 부잣집 등을 꼽을 수 있을 것이다. 이들에게는 모두 원칙, 철학이 있었다.

14세기의 이슬람 역사학자 이븐 할둔은 〈역사서설〉에서 "명문名門은 4대 만에 종말에 이른다."라고 말한다. 〈역사서설〉은 별개의 책이 아니라 그가 집필한 세계사의 서론 부문이다.

튀니지 출신으로 당시 세계 최고 수준이던 이슬람의 천문학, 수학, 자연과학, 철학, 고전을 섭렵한 그는 이베리아반도와 북아프리카 지역의 혼란스러운 정치 상황을 지켜보면서 인간 사회 구성과 변화의 원리, 역사와 문명의 전개 과정에 대해 강한 지적 호기심을 가지고 연구에 몰입했다.

이븐 할둔은 아프리카 북부와 중동 지역에 널리 흩어져 사는 베드윈족을 예로 든다.

"거친 황야나 사막을 터전으로 살아가는 종족은 강한 연대의식을 가지게 되고, 이를 바탕으로 이웃한 도시를 정복하면서 지배계급이 된다. 그러나 일단 지배집단이 되고 나면 도시문명의 화려함과 사치에 빠지면서 나약해지고 초기의 연대의식은 식어 간다. 그렇게 하여 3대, 4대로 내려가면 새로운 외부의 도전에 제대로 대처하지 못하고 다시 사막으로 되돌아간다."

이븐 할둔은 문명을 전야田野문명과 도시문명으로 구분하고 있다. 전야란 황야, 사막, 초원 등을 가리키는 단어다. 전야민들은 소박, 검소, 강인함을 가지고 있으며 강한 연대의식을 통해 도시를 정복하여 왕조를 이룩하고 지배계층이 된다. 그러나 일단 지배계층이 되고 나면 나약해지면서 또 다른 유목민들의 공격을 받아 왕조를 내주고 다시 전야로 돌아간다.

이븐 할둔은 이 연대의식을 '아사비야asabiya'라고 불렀다. 이븐 할둔은 모세와 함께 이집트를 탈출한 이스라엘 백성들이 곧바로 가나안으로 들어가지 않고, 40년 동안 광야에서 거친 생활을 했던 것도 이유가 있다고 생각했다. 도시문명의 땟물을 벗고 연대의식과 야성을 기르기 위해서는 광야생활이 필요했다는 것이다.

왕조를 일으킨 1대는 그 연대의식을 2대에게 물려주려고 노력한다. 그의 아들 역시 아버지와의 직접적인 접촉을 하면서 옆에서 간접적으로 배웠다. 그러나 직접 경험한 사람과 간접적으로 배운 사람 간에는 차이가 있기 마련이다. 그것이 손자의 대에 이르면 단지 전승에만 의지한 채 모방하는 데 그치고, 4대째에 이르면 가문의 영광을 보존케 했던 모든 자질을 잃어버린다.

이것이 승자의 저주다. 정상에 오른 자는 그로 인해 필히 몰락하게 된다는 것이다.

베드인족과 가장 흡사한 사례가 동양의 몽골족일 것이다. 이들은 유라시아 초원의 유목민들로, 이들이 일으킨 제국이 인류 역사상 가장 넓은 영토를 가진 몽골 제국이었다. 여러 나라를 세웠지만 중국 본토에 세운 나라가 '원'나라였다. 이들은 이븐 할둔이 예언한 것처럼 기름진 음식과 비단옷, 금은보화와 미녀에 둘러싸여 초기 야성을 잃어버리고 97년 만에 다시 몽골의 초원으로 쫓겨나고 말았다.

이븐 할둔은 왕조나 문명도 창업 – 번영 – 전성기 – 쇠락기로 순환곡선을 그린다고 보고 있다. 이것이 후일 슈펭글러와 토인비에게 지대한 영향을 끼친다.

독일의 역사학자 슈펭글러는 《서구의 몰락Der Untergang des Abendlandes》에서 국가나 기업을 포함하여 모든 유기적인 존재는 생성 – 번영 – 전성기를 거쳐 쇠락의 길을 피할 수 없다고 보고 있다.

서구의 몰락을 읽고 가장 충격을 받는 사람이 토인비였다. 서구가 몰락한다는 것은 기독교 정신의 몰락을 의미하기도 했다. 독실한 기독교인이었던 토인비는 슈펭글러의 이론을 '도전과 응전'으로 수정했다. 모든 문명이 몰락하는 게 아니라 도전에 효과적으로 응전하는 문명은 살아남는다는 것이다.

그러나 토인비는 단서를 달고 있다. 일단 한 번의 응전에 성공한 엘리트 집단이 또다시 응전에 성공할 가능성은 지극히 낮다고 보고 있다. 과거의 성공 방식에 매몰되기 때문이다.

역사는 창조적 소수가 바꾸지만, 일단 성공한 창조적 소수는 자신들의 성공 방식을 절대적 진리로 착각한다는 것이다.

관점의 차이

내로남불이라는 말이 있다. '내가 하면 로맨스, 남이 하면 불륜'을 줄여서 하는 말이다. 같은 것을 보고도 서로 다른 것을 느끼는 경우다. 어떤 시각으로 사회 현상을 바라보느냐에 따라 세상은 전혀 다르게 보인다.

이것이 '프레임frame'의 차이다. frame은 '창틀' 정도의 의미로 바라보는 창에 따라 세상은 전혀 다른 모습을 하고 있다. 그래서 같은 것을 보고도 다른 이야기를 하는 것이다.

여러 해 전에 논란이 되었던 영화 〈매디슨 카운티의 다리〉는 분명 불륜이지만 상당수 여성에게는 로맨스로 비친 모양이다. 설문 조사에서 '나도 그런 사랑을 해보고 싶다'는 여성들의 반응이 의외로 많았다.

줄거리는 이러하다. 미국 중서부 아이오와주의 시골 마을, 사진작가 로버트는 부근에 있는 목조다리를 촬영하러 왔다가 길을 잘못 들었다. 로버트는 그곳 농장에 사는 부인 프란체스카에게 길을 묻는다. 그렇게 만난 두 사람은 나흘 동안의 뜨거운 사랑을 나눈다.

그후 로버트는 떠났지만, 프란체스카는 그와 함께한 시간을 잊을 수 없었다. 그가 떠난 빈 가슴을 20년 동안 그의 그림자와 체취로 채우고 있다는 내용이다.

물론 영화는 아름다운 사랑으로 각색되어 있지만 명백한 불륜이다. 그것이 여인들에게는 아름다운 사랑으로 보인 것이다.

프레임,
같은 것을 보고도 다르게 해석한다

옛날 인도의 왕이 코끼리를 데려와 장님들에게 만져 보고 코끼리의 모습을 말해보라고 했다. 먼저 코끼리의 상아를 만진 장님이 말했다.

"폐하 코끼리는 무같이 생긴 동물입니다."

코끼리의 귀를 만졌던 장님이 말했다.

"아닙니다, 폐하. 코끼리는 키같이 생겼습니다."

코끼리의 다리를 만진 장님이 말했다.

“둘 다 틀렸습니다. 코끼리는 마치 커다란 기둥같이 생겼습니다.”

등을 만진 이는 평상같이 생겼다고 주장하고, 배를 만진 이는 벽같이 생겼다고 주장하고, 코끼리 꼬리를 만진 이는 굵은 밧줄같이 생겼다고 주장하면서 다투었다는 이야기에서 비롯되었다. 장님들이 한 이야기는 모두 틀린 말은 아니지만 맞는 말도 아니다. 이를 군맹평상群盲評象이라고 한다. 열반경에 나오는 내용이다.

진리도 이와 같다는 것이다. 자신만의 시각, 자신만의 프레임에 갇히면 진리에 이르기가 어렵다. 올바른 시각을 가지기 위해서는 사색과 독서와 여행이 필요하다. 뉴턴이나 아인슈타인, 최근에 작고한 스티븐 호킹은 사색을 통해 본질을 보았다.

찰스 다윈은 여행을 통해 세계를 보는 관점을 바꾼 사람이었다. 진화론에는 새로운 프레임으로 세상을 보려는 다윈과 성경의 증거들을 찾으려는 피츠로이 선장이 대결 구도를 이루고 있다.

찰스 다윈은 1809년 2월 12일에 태어났다. 공교롭게도 이날은 링컨이 태어난 날이기도 하다. 천운이 좋은 날인 모양이다. 다윈이 진화론의 실마리를 잡은 것은 5년 동안 영국의 해군 함정 비글호를 타고 지구를 일주하면서였다. 다윈이 이 배에 승선하게 된 것은 다소 우연이었다. 당시 영국은 해군력 강화를 위해 해안선과 경도측정의 필요성을 느끼고 있었다. 이를 위한 프로젝트가 비글호였다. 비글호는 길이 27.5m, 242톤짜리 중형 범선으로 남미와 태평양 일대의 지질 및 해양 탐사가 목적이었다.

피츠로이 선장은 항해하는 동안 말벗과 식사를 함께할 지질학자를 찾고 있었다당시만 해도 선장은 선원들과 식사를 함께하는 것이 엄격히 금지되어 있었다. 처음에는 케임브리지 대학 생물학 교수 스티븐스 헨슬로우 박사를 태우려 했으나, 그가 고령을 이유로 사양하는 바람에 제자 다윈이 대신하게 된 것이다. 두 사람은 5년 동안 숙식을 함께하면서 같은 곳을 여행했지만, 그들이 보고 느낀 점은 정반대였다.

피츠로이 선장은 성경을 글자 그대로 믿으며 창세기에 나오는 창조의 증거를 찾으려 했고 다윈은 진화론의 실마리를 찾은 것이다.

피츠로이 선장은 이렇게 적고 있다.

"물에 깎인 조약돌과 대홍수 퇴적물들이 이처럼 많은 부분을 차지하고 있는 것은 주목할 만하지 않은가? 지금 판타고니아 사막에 묻혀 있는 조약돌들을 매끄럽게 다듬은 물의 작용은 광대한 규모로 그리고 어느 정도 지속해서 있었음이 틀림없다."

피츠로이 선장은 산악 지대 암석에서 발견된 조개껍질 화석을 보고 대홍수의 흔적임을 확신했으며, 성경을 문자 그대로 받아들였기에 의심의 여지가 없었다여기서 대홍수는 성경에 나오는 노아의 대홍수를 말한다.

그러나 같은 화석을 보고도 다윈은 아주 오래전 그곳이 바다였을 것이라고 믿었다. 전혀 다른 견해였다. 이를 계기로 다윈은 몇 백만 년 단위로 자연을 읽는 안목을 기를 수 있었다.

다윈은 생물학이 아닌 신학을 전공했다?

다윈에게 진화론에 대한 확신을 주었던 것은 갈라파고스섬에서 목격한 거북과 핀치새들이었다. 갈라파고스는 13개의 섬으로 이루어진 군도로 곤충과 포유류가 적고 파충류와 조류가 많은 새들의 천국이었다. 다윈은 그곳의 원주민 한 사람으로부터 그 섬에 서식하는 코끼리거북에 관해 들었다.

"이 제도에는 서로가 닮은 거북이 많지만, 나는 그들의 등껍질 무늬만 보고도 어느 섬에 속한 거북인지 알 수 있답니다."

코끼리거북과 바다이구아나가 특히 그러했다. 여기서 다윈은 진화론의 기초가 될 의문을 품었다.

'불과 몇 백km밖에 떨어지지 않은 섬들, 기후도 비슷한데 이들의 등껍질에서 미세한 차이가 나는 것은 무슨 이유일까?'

갈라파고스 군도는 새들의 낙원이었지만 먹이가 풍부하여 이웃 섬으로 이동할 필요가 없을 정도였다. 여기서 다윈의 눈길을 끈 것은 핀치새였다. 분명 같은 종의 새들인데도 씨앗, 열매, 꽃, 곤충 등 먹이의 종류에 따라 부리 형태가 조금씩 달랐다. 견과류가 많은 섬에는 이를 깨뜨리기 적합하도록 뭉텅한 부리의 새들이, 곤충이 많은 섬에는 나무 구멍에 숨은 벌레를 잡기 쉽도록 기다란 부리를 가진 새들이 살고 있었던 것이다.

다윈은 이렇게 적고 있다.

"모든 생명체는 주어진 환경에 효과적으로 적응한 종은 살아남고 그렇지 못한 종은 사라진다. 그리고 그 특징은 후대로 유전된다."

이소적異所的 종분화가 일어난 것이다. 넓은 지역에서는 유전자가 섞이면서 희석되고 말지만 좁은 지역일수록 종분화가 일어나기 쉽기 때문이다.

그런 다윈이었지만 죽음을 앞두고는 마음이 흔들렸던 것 같다. 이런 일화도 전해진다. 73살에 죽음을 앞두고 다윈은 문병차 찾아온 친구에게 이렇게 말했다.

"나는 성경의 창조론을 진리로 인정하며 예수 그리스도에 대한 신앙을 회복했다네."

이 일화는 유명인사들이 임종 전에 남긴 말들을 모은 책, 마이어스의 《Voices from the Egde of Eternity》에 나오는 이야기다. 다윈은 히브리서를 읽고 있는 중이었다.

그는 말을 이었다.

"나는 젊어서부터 사물과 현상들에 대해 의심을 품고 접근했었지. 놀랍게도 진화론은 마치 들불과도 같이 번졌다네. 사람들이 그 생각을 종교로 만들어 버린 거야."

그는 힘들어하면서 말을 이었다.

"많은 사람은 세상이 우연히 생겨났다고 믿고 있지. 그렇게 생각하는 것이 훨씬 덜 번거롭거든. 지구가 자전하고 공전하는 소리는 너무

나 커서 우리 귀에는 들리지 않는 거야. 하나님의 존재도 그와 같다네."

이 이야기가 잘못 전해진 일화이거나 진짜라면, 죽음을 앞두고 다윈 자신도 창조론을 부인했던 과거를 후회하고 있었던 것으로 보인다.

다윈은 케임브리지 대학에서 생물학이 아닌 신학을 공부한 사람이었다.

편 가르기

1950년대, 터키 출신의 사회심리학자 무자퍼 세리프 부부는 아주 재미있는 실험에 착수했다. 사람들이 어떻게 서로를 미워하고 증오하는가 하는 갈등 구조를 파악하려 한 것이다.

그는 오크라호마 소재의 여러 학교에서 12세가량의 소년 20명을 오크라호마 자연공원 야외 실험장으로 초청했다. 이들은 몇 명을 제외하고는 서로가 잘 모르는 사이였다. 그러나 이들은 서로가 금방 친해져서 함께 뛰어놀 수 있는 아이들이었다.

세리프와 동료들은 이들에게 갈등을 유발시킬 궁리를 하고 있었다. 궁리랄 것도 없다. 이들을 두 편으로 나누기만 하면 되었다. 구성원을 두 팀으로 나눈 실험팀은 이들에게 '방울뱀'과 '독수리'라는 별명을 지어주고는 공놀이로 갈등을 부추겼다.

자기만족의 함정, 우리의 적은 곧 나의 적이다

두 팀 사이의 페어플레이는 단 이틀밖에 가지 않았다. 그 이후로는 서로가 부정행위를 했다며 비난하고, 상대방의 깃발을 훔쳐다가 불태우면서 분을 풀었다. 나중에는 식사도 함께하지 않을 정도로 사이가 나빠졌다. 그러다가 급기야 몸싸움으로 이어져 침대가 뒤집히고 우승 트로피도 도둑맞았다.

세리프 박사는 자신과 다른 집단에 속해 있다는 이유 하나로 갈등을 유발하고 증오하게 된다는 사실을 밝혀낸 것이다. 집단을 둘로 나누면 각자 자신들은 선량하며 올바르다고 생각하는 반면 상대방에게는 적대감을 키운다. 일종의 '자기만족의 함정'인 것이다. 멀리 갈 것도 없다. 동족이었던 5천 년 역사의 한민족도 남과 북으로 갈라지니 서로가 적이 되어 싸우고 있지 않은가.

이들의 갈등이 심해지자, 세리프 부부는 이를 해소하기 위해 노력했으나 별 효과가 없었다. 그러다가 찾아낸 방법이 이들에게 경쟁이 아닌, 힘든 과제를 주고 공동으로 해결하도록 했다. 수도를 단수한다든가 진흙탕에 빠진 트럭을 끌어내도록 하는 과제를 준 것이다. 그러자 두 그룹은 불평하면서도 힘을 합쳐 해결하는 과정에서 다시 친구가 되었다.

여기서 얻을 수 있는 교훈은 나누어놓고 경쟁시키면 적이 되고, 외부의 적이 나타나면 친구가 된다는 점이다. 그러나 이런 관계는 외부의 적이 사라지면 다시 악화된다. 개인은 일단 어느 그룹에 속하게 되면 그룹 문화에 적응되면서, 그룹의 적은 나의 적이라는 관념이 지배한다.

영국과 프랑스는 100년 전쟁, 나폴레옹 전쟁에서 피를 흘리며 싸운 두 나라다. 그러나 1, 2차 세계대전 동안 독일을 공동의 적으로 삼아 친구가 되었다. 이처럼 세상의 이치는 나누면 적이 되고 공동의 적이 나타나면 뭉치는 법이다.

공동의 적이 생기면 친구가 된다

고대 아테네의 전성기는 페르시아의 침략을 물리치고 그리스 반도의 패자가 되었을 때였다. 동방의 제국 페르시아가 침략해오자, 아테네와 스파르타는 똘똘 뭉쳐 스파르타 육군은 페르시아의 진군을 막았고 아테네의 해군은 페르시아 함대를 침몰시켰다. 그러다가 페르시아라는 외부의 적이 사라지자, 아테네와 스파르타는 반도의 패권을 차지하기 위해 싸움을 벌였다. 펠로폰네소스 전쟁이 그것이었다.

30년 동안의 이 전쟁으로 아테네는 패망하고 스파르타가 반도의 주인이 되었다. 아테네는 페르시아와의 전쟁에서 지친 데다가 전염병까지 돌아 스파르타에 반도의 주인 자리를 내주고 말았다. 소크라테스의 죽음도 이 무렵이었다. 그러나 스파르타의 패권도 오래 가지 못하고 북서쪽의 테베에게 망했고, 테베는 다시 북쪽의 마케도니아에 망하면서 알렉산더 대왕의 시대가 도래한 것이다.

미국과 인도를 보자. 미국과 인도는 전통적으로 사이가 좋지 않았다. 인도가 비동맹 중립을 표명하기는 했지만, 소련에 기울어 있었기 때문이다. 미국은 이런 인도가 못마땅했다. 1945년 미국이 핵실험을 감행하자, 가장 맹렬하게 비난했던 것도 인도였다.

그러다가 1962년에 중국과 인도 사이에 전쟁이 일어나 인도가 참패하는 일이 벌어졌다. 그러자 중국이 미국과 인도의 공동 적이 된 것이다. 그리하여 미국과 인도 두 나라는 친구가 되어 지금은 더없이 좋은 사이다.

다시 인도와 파키스탄 사이에 전쟁이 일어났다. 파키스탄은 원래 인도와 같은 나라였으나 종교적인 문제로 분리된 두 나라였다. 인도는 힌두교, 파키스탄은 이슬람이었다. 이 전쟁이 일어나자 가장 반가운 나라는 어디였을까?

바로 중국이었다. 중국으로서는 인도가 적이었고 파키스탄 또한 인도가 적이었으니 공동의 적이 생기면 친구가 된다는 논리다. 지금 중국과 파키스탄은 더없이 좋은 사이이다. 중국은 많은 에너지와 도로 항만 건설을 지원해 파키스탄의 과다르 항만 40년 사용권을 확보하고 있다. 이 항구는 중국으로서는 중동과 아프리카에 진출하는 지름길을 확보한 셈이다. 이처럼 공동의 적이 생기면 원수지간이라도 동지로 뭉치게 된다.

각자의
신념으로 싸운다

지금 미국 사회가 광고 하나 때문에 흑과 백, 진보와 보수로 갈라지고 있다. 사건은 2016년으로 거슬러 올라간다. 미국인들이 가장 좋아하는 스포츠는 미식축구다. 샌프란시스코 포티나이너스 팀의 콜린 캐퍼닉 선수는 경기 시작 전 국가가 울려 퍼지자, 기립 대신 바닥에 무릎을 꿇고 앉아 있었다. 2016년, 경찰의 과잉 진압으로 흑인을 사살한 것에 항의하기 위해 국가國歌 제창을 거부하고 무릎을 꿇는 퍼포먼스로 대신한 것이다.

공권력에 대한 항의를 직접적으로 표현한 캐퍼닉의 '무릎 꿇기'는 당시 소속팀 샌프란시스코 포티나이너스와 NFL을 넘어 프로 야구, 프로 농구로 확산되었다. 그리하여 팀 동료들은 물론이고 상대 팀 선수, 백인 여성, 진보적인 지식인 등이 동참했다.

네티즌 사이의 호응도 뜨거워 캐퍼닉 선수의 티셔츠는 온라인 최고의 히트 상품이 되었다. 애국심 논란이 불거질 수 있는 9.11에도 그들은 무릎을 꿇고 자리에 앉아 있었다. 그러자 미국 사회는 그의 행동에 대해 찬반 의견이 팽팽하게 대립했다. 여론 조사는 그의 행동이 비애국적이라고 생각하는 미국인이 조금 더 많은 정도였다. 그의 행동이 미국 헌법이 보장하는 권리라고 믿는 시민들도 엇비슷한 수준이었다.

이번에는 정치인들이 가세했다. 테드 크루즈와 같은 정치인은 그의 행동을 "성조기, 국가, 영웅들에 대한 모욕이다."라고 말했다. 그가 자유 선수가 되자, 정치권의 눈치를 봐야 하는 구단들이 그와 계약을 피하는 바람에 선수로 뛸 수 없게 되었다. 그러나 그는 흔들리지 않았다.

그는 이렇게 말한다.

"Believe in something. Even if it means sacrificing everything 모든 걸 희생하더라도 신념을 가져라."

이런 상황을 기막히게 활용한 기업이 나이키였다. 나이키는 'Just do it' 캠페인 50주년을 맞아 캐퍼닉 선수를 핵심 모델로 기용하여 광고를 제작했다. 그러자 미국 사회는 둘로 갈라졌다. 나이키 불매운동을 벌이는 측과 더욱 적극적으로 나이키를 사들이는 측으로 갈라진 것이다. 마침 백인 경찰이 흑인을 사살하는 사건까지 가세하면서 '무릎 꿇기'는 트럼프 정부의 인종차별 정책 기조에 반발하는 흑인과 진보 성향의 인사들을 중심으로 뜨거운 지지를 얻었다.

하지만 동시에 그에 못지않은 반발도 불러일으켰다. 보수층은 국가 제창 거부라는 상징적인 행동에 강한 거부감을 표현했고, 캐퍼닉이 사회 분열을 부추겼다고 비난하는 여론도 비등하고 있다.

사태가 복잡하게 돌아가자, NFL 협회 소속 프로 구단주나 광고주들은 캐퍼닉과의 계약을 기피했다. 그런 상황에서 별말 없이 캐퍼닉과의 스폰서 계약을 유지해오던 나이키가 그를 광고 모델로 발탁한 것이다. 광고가 공개되고 NFL의 2018/2019년도 시즌이 개막했다. 이에 따라 미식축구 경기장에서의 '무릎 꿇기'도 재개됐다. 이날 경기에 출전한 마이애미 돌핀스의 케니 스틸스와 앨버트 윌슨이 첫 주자였다. 캐퍼닉은 트위터로 이들을 지지하는 글을 올렸다.

"내 형제들은 위협을 당한 후에도 물러서지 않았다."

"이들의 용기가 세상을 앞으로 나아가게 할 것이다."

민간기업 나이키의 상업적인 광고 한 편이 미국을 둘로 갈라놓은 것이다.

허위의식

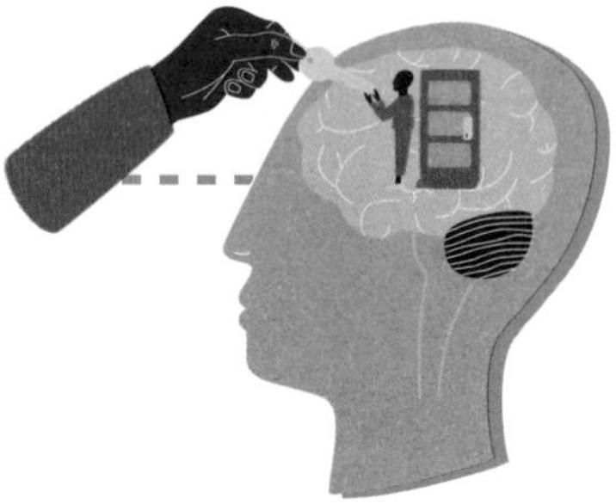

옛날의 양반은 어디서도 배고프다는 말을 해서는 안 된다. 배가 고프다는 것은 쌍것들이나 하는 소리였다. 그래서 대추 세 개를 먹고도 배부른 척을 해야 했다. 이것이 위선이요, 허위의식이다.

어느 왕조를 봐도 정통성을 강조하는 논리가 있으며, 사람들을 만나 성씨를 물어보면 거의 모두가 자신의 성씨가 뼈대 있는 혈통이라는 논리를 가지고 있다.

물론 사실일 경우도 있겠지만 대부분은 허위의식이다. 허위의식이란 사실이 아닌, 자신이 믿고 싶은 것을 믿는 경우다.

거짓된 현실 인식

이솝 우화에 배가 터져 죽은 개구리 이야기가 나온다. 작은 연못에서 개구리 삼형제가 사이좋게 놀고 있었다. 그런데 그곳에 몸집이 아주 커다랗고 누런 털을 가진 황소가 떡 버티고 서 있었다. 이를 본 개구리 삼 형제는 비명을 지르며 도망쳤다. 집으로 돌아온 개구리 삼 형제는 아빠 개구리에게 황소 이야기를 들려주었다. 몸집이 아주 크고 털이 누런 동물이라고 설명해주었다.

– 이만큼 크더냐?

– 아니에요, 아빠 그것보다 100배는 더 컸어요.

– 그럼, 이만하더냐?

– 아니에요. 훨씬 더 커요.

아빠 개구리는 숨을 들여 마시고서 배를 최대한으로 부풀렸다. 그러자 '펑!' 하는 소리와 함께 아빠 개구리의 배가 터지고 말았다. 이처럼 자신을 있는 그대로 인정하지 못하고 착각하는 것을 허위의식이라고 말한다.

우리 사회에서는 학력이 허위의식의 대표적인 사례다. 몇 년 전 말썽을 일으켰던 신○○씨의 문제가 심각해지자, 신 씨는 미국으로 도피했다. 공항에서 기다리던 기자들이 많은 질문을 했지만 신 씨가 가장 민감하게 반응한 것이 학력이었다고 한다. 정작 범죄가 되는 논문 표절은 별로 문제 삼지 않고, 왜 자신을 고졸 출신으로 보도하느냐고 따졌다는 것이다.

허위의식이라는 단어는 마르크스가 제창한 개념이다. 마르크스는 "허위의식은 복잡한 현실을 단순화시켜 더럽고 잘못된 현실을 아름답게 꾸며서 그럴듯하게 정리해놓은 거짓된 현실 인식을 말한다."라고 주장했다. 속이 더럽고 부끄러울수록 허위의식은 깨끗하고 떳떳한 낱말들을 동원한다.

호랑이가 꾸짖어 나무라다

위선도 허위의식 중 하나다. 연암 박지원의 소설 〈호질虎叱〉에 나오는 구절을 보자. 소설 속의 북곽 선생은 사람들에게 존경받는 도학자였고, 동리지는 절개를 지키는 과부로 알려지고 있었다. 재미있는 것은 동리지의 다섯 아들 모두가 성이 달랐다는 점이다. 점잖은 선비 북곽 선생은 밤이면 동리지와 몰래 만나고 있었다.

어느날 밤, 동리지의 다섯 아들이 서로 이렇게 말했다.

"강 건넛마을에서 닭이 울고 강 저편 하늘에 샛별이 반짝이는데, 어머니 방에서 흘러나오는 말소리는 어찌 그리 북곽 선생의 목청을 닮았을까?"

이에 다섯 아들이 문틈으로 들여다보았다. 과부 동리지가 말했다.

"오랫동안 선생님의 덕을 사모했는데 오늘밤은 선생님 글 읽는 소리를 듣고자 하옵니다."

이에 옷깃을 여민 북곽 선생은 점잖게 앉아 시를 읊었다. 이에 다섯 아들이 말했다.

"북곽 선생과 같은 점잖은 어른이 어머니 방에 있을 리가 있겠나. 우리 고을의 성문이 무너진 곳에 여우가 사는 굴이 있다. 여우란 놈은 천 년을 묵으면 사람 모양으로 둔갑할 수 있다더라. 저건 틀림없이 그 놈이 북곽 선생으로 둔갑한 것이다."

이에 다섯 아들은 여우를 잡겠다며 방으로 뛰어들었고, 놀란 북곽 선생은 황급히 방을 빠져나오느라 그만 똥통에 빠지고 말았다. 겨우 똥통을 빠져나온 북곽 선생은 다시 호랑이를 만났다. 북곽 선생은 살려달라며 무릎을 꿇고 호랑이에게 아첨하지만 호랑이는 이러한 이중 인격적인 선생의 태도를 꾸짖는다.

북곽 선생이 호랑이에게 머리를 조아리고 있는 동안 이미 날이 밝았다. 눈을 떠 보니 호랑이는 오간데 없고 일찍 일하러 나온 농부들이 보였다. 북곽 선생은 하늘과 땅에 아침 인사를 하는 중이라고 거짓말을 하고는 줄행랑을 치고 말았다.

박지원은 이런 양반들의 행태를 꼬집기 위해 호질을 쓴 것이다. 호질은 호랑이의 질책이라는 의미다.

여러 해 전에 공연되었던 연극 〈대학살의 신〉은 아이들 싸움이 어른 싸움으로 번지는 과정을 그리고 있다.

11살 두 소년이 놀이터에서 놀다 싸움을 벌였다. 이 싸움에서 한 소년의 앞니 2개가 부러지고 말았다. 이 사태를 수습하기 위해 부모들이 한자리에 모인다. 스스로 교양인으로 자처하는 부모들은 교양 있고 이성적인 대화로 시작한다. '톨레랑스'와 같은 유식한 단어들도 등장했다. 그러다가 결국은 욕지거리, 육탄전, 물건 집어던지기로 이어진다. 자신들을 교양 있는 중산층이라고 생각했던 사람들의 허위의식이었다.

후진 기어가 없는 차는 팔리지 않는다

그릇된 신념을 사실보다 더 중요시하는 것이 허위의식이다. 높은 자리에 있는 분은 자신의 업적이 성과를 거두고 있다는 보고를 반긴다. 사람들은 윗사람이 거북해하는 보고가 얼마나 위험한 일인지 본능적으로 안다. 옛날엔 목숨을 걸었고 지금은 목숨은 아니지만 자리가 위험해질 수 있다. 듣기 좋은 보고를 하는 부하만 가까이 두는 윗사람은 대사를 그르치게 된다.

옹정제청나라 5대 황제, 건륭제의 아버지와 마오쩌둥을 보자. 이 둘은 보고서를 받는 태도가 전혀 달랐다. 옹정제는 지방관에게 편지 형식의 보고서를 요구했다. 작황, 물가, 민심 동향에 이르기까지 시시콜콜 써서 보내라고 지시하면서 사실대로 보고하도록 언론 자유를 보장했다.

그러자 자금성에는 백성의 살림살이를 실상대로 알리는 편지가 쇄도했다. 보내온 편지를 읽기만 하는 게 아니라 일일이 답장을 썼다. 그가 거짓 없는 보고서를 바탕으로 국정을 파악한 덕분에 백성의 살림살이는 크게 나아졌다. 청나라가 건륭제 치세에 최고 전성기를 구가한 것도 아버지 옹정제가 이룩한 경제적 성과와 물자 축적 덕분이라고 한다.

그러나 마오쩌둥은 전혀 달랐다. "나는 인민을 위해 일한다."라는 도덕적 자기 확신으로 가득 찼던 마오쩌둥은 스스로 권위주의의 함정에 빠졌다. 마오쩌둥은 곡물 생산량이 급감했다고 사실대로 보고한 펑더화이를 실각시켰다.

이후 마오쩌둥이 싫어하는 보고서는 사라지고 말았다. 후난성에서는 작황을 두 배나 늘려 보고했고, 국가는 이를 근거로 세금을 늘리는 바람에 농민을 더 큰 고통에 빠뜨렸다.

그리고 곡물 생산이 3년 만에 26%나 줄고 아사자가 3,000만 명 가까이 치솟은 뒤에야 마오쩌둥은 현실을 인정했다.

그제야 마오쩌둥은 이렇게 지시했다.

"도대체 어떤 문제가 일어났는지 내게 실제 상황을 보고하라."

많은 정치 지도자들이 자신의 정책 잘못을 인정하지 못한다. 3번 연속 집권에 성공한 토니 블레어 전 영국 총리도 한 번 정한 정책은 물리지 않겠다는 뜻으로 "내겐 후진 기어가 없다."라고 선언했다. 그런 블레어에게 〈파이낸셜타임스〉의 경제 칼럼니스트인 팀 하포트는 따끔하게 충고했다.

"사람들은 후진 기어가 없는 차를 사지 않을 것이다."

위조된 기억

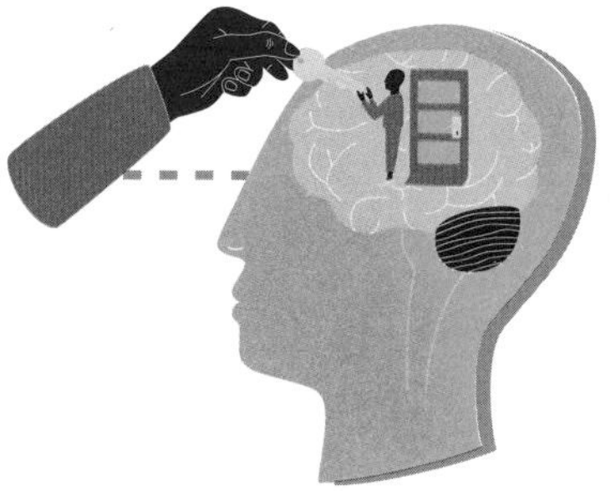

'위조된 기억false memory'은 과거에 발생하지도 않은 일들이 사실처럼 기억에 남아있는 현상을 가리키는 심리학 용어다. 분명히 처음 보는 광경인데도 과거 어느 시점에 목격한 장면과 일치하는 '데자뷰deja vu 현상'도 위조된 기억 중 하나다.

1990년, 미국의 한 전직 형사가 그의 딸로부터 고소를 당했다. 20여 년 전 딸의 친구를 강간하고 살해했다는 주장이었다. 프랭클린은 그런 사실이 없다고 극구 부인했으나 유죄 선고를 받고 옥살이를 해야 했다.

그가 항소심을 거쳐 무죄로 풀려나기까지 6년의 시간이 필요했다.

나중에 이 사건은 사실이 아닌 날조된 기억이 프랭클린 딸의 뇌에 이식된 것으로 밝혀졌다. 인간의 뇌가 사실을 날조한 것이다.

뇌가 스스로 기억을 날조한다

뇌과학자들은 이렇게 설명한다. 인간의 경험은 잠시 동안 뇌의 해마에 저장됐다가 대뇌로 옮겨 기억으로 저장된다. 인간의 기억이 해마와 대뇌로 옮겨 저장된다는 사실은 알았지만, 날조된 기억을 뇌 스스로 만들어낼 수도 있다는 사실은 프랭클린 사건을 통해 밝혀진 것이다. 프랭클린 사건의 증인으로 나섰던 미국 워싱턴 대학 심리학자 엘리자베스 로프터스 교수는 "기억은 식품처럼 세월이 지나면 오염되고, 부패하여 원형이 제대로 남아 있지 않다."라고 진단했다. 거기에다 어떤 동기만 제공하면 뇌 스스로 기억을 날조해내기도 한다.

어느 한 실험에서는 피험자들이 어렸을 때 쇼핑몰에서 놀다가 길을 잃은 사실이 있다는 이야기를 들려주면서 추억을 떠올려보라고 했다. 피험자들은 그런 사실이 없었음에도 아주 그럴싸하게 상황을 만들어내었다.

뉴질랜드의 한 심리학자는 열기구를 탄 경험이 없는 청소년들에게 어린 시절의 사진 몇 장을 가져오게 하여, 열기구 타는 장면과 합성해서 보여주었다뉴질랜드는 열기구 천국이어서 대부분이 열기구 놀이 경험이 있다. 그러면서 사진과 관련된 기억을 회상해달라고 부탁했다.

그날 날씨는 어떠했느냐? 동행한 사람은 누구누구였느냐? 열기구를 타면서 본 것은 어떤 것들이었느냐?

그랬을 때 참가자 절반 이상이 어릴 적에 아빠와 열기구를 탄 경험이 있다고 대답했다. 그리고 그날의 날씨며 열기구 밖으로 보았던 풍경들을 생생하게 기억해냈다. 경험하지도 않는 '위조된 기억false memory'인 것이다.

어떤 사건을 반복적으로 되뇌다 보면 그 기억의 틈새들이 부정확한 것으로 채워지고, 나중에는 사실처럼 왜곡된다. 가혹한 고문도 새로운 기억을 만들어낸다. 범죄 혐의를 받고 있는 죄수에게 고문을 가하면 사실이 아님에도 자신의 범죄를 만들어낸다. 그리고는 순순히 자술서까지 쓰더라는 것이다.

자기생산,
인간의 기억은 언제든지 위조될 수 있다

프랑스 작가 조르주 페렉의 〈W 혹은 유년의 기억〉은 W라는 가상 국가에서 벌어지는 허구적인 상황과 자신의 유년기 기억 조각들을 맞추어 진행되는 소설이다. 이 소설은 페렉이 태어난 1936년부터 전쟁이 끝나는 1945년까지의 기록이다.

전쟁통에 부모를 모두 잃고 고모에 얹혀살던 유년 시절, 그의 기억을 일깨워주는 것은 사진 몇 장과 언제 들었는지 모르는 고모의 말뿐이다. 전쟁과 나치, 강제수용소라는 거대한 역사가 유년의 기억을 빼앗아 버린 것이다.

그는 이렇게 말한다.

"기억 속에서 나는 최초이자 최후의 목격자가 된다. 어떤 사건을 기억하려 할 때 우리는 여러 증거를 수집하지만, 최종적으로 상象을 구현해내는 것은 자신이다. 그 때문에 기억은 왜곡된 상으로 남겨지거나 새로운 증거들이 덧붙여지며 수정된다. 그러나 어떤 사건에는 단 하나의 증거도 없는 경우가 있다. 이때 기억이 할 수 있는 일은 유일한 증거이자 증인인 '나'를 믿는 일뿐이다."

우리의 기억 속에 자리하고 있는 기억과 사실의 경계가 분명한 것은 아니다. 칠레 출신의 인지생물학자이며 철학자이기도 한 마투라나는 '자기생산autopoiesis'이라는 개념을 창안했다.

그는 비행기 조종사의 예를 든다. 짙은 안개가 끼고 폭풍우가 쏟아지는 가운데 조종사는 조종실에 설치된 계기판만 보고 착륙을 시도한다. 즉 인간의 인식 체계도 조종실처럼 '폐쇄 체계closed system'여서 그 안에서의 기억도 조작된다는 것이다.

소설 〈프라하의 묘지〉에서 움베르토 에코는 유대인들의 세계 정복 음모인 〈시온 의정서〉를 꺼내고 있다. 이 문서로 인해 수백만 명의 유대인들이 죽어간다. 시온 의정서는 이미 조작된 문서로 판명 난 것이지만 소설 속에서는 여전히 사실로 살아있다.

에코는 독자들에게 묻는다. 무엇이 진실이고 무엇이 거짓인가?

그는 의심마저 의심케 하고 있다. 책 속에서 긴박하게 전개되는 이야기가 '혹시 진짜는 아닐까?' 하고 의심해보게 된다. 조지 오웰이 소설 〈1984년〉에서 '빅 브라더'들이 다스리는 전체주의 국가의 통치 원리는 기억을 지배하는 것이다.

"과거를 지배하는 자가 미래를 지배한다. 현재를 지배하는 자는 과거를 지배한다."

인간의 기억은 얼마든지 위조될 수 있다. 지금까지는 반복된 학습으로 그것이 가능했으나, 미래의 세계에서는 거짓 기억도 주입시킬 수 있고 두뇌의 기억을 해킹할 수도 있게 될지도 모를 일이다.

뷰자데,
익숙하지만 낯설다

일을 하는 데에는 두 가지 방식이 있다. 기존의 검증된 방식을 답습하는 것과 탐험적인 방식으로 새로운 접근을 시도하는 것이다.

기존의 검증된 방식은 어느 정도의 성공이 보장되는 안전한 방식이다. 하지만 기존의 방식은 단기적으로는 안정적이지만 장기적으로는 성장이 약하다.

반면 탐험적인 방식은 단기적으로는 실패할 가능성이 높지만 장기적으로 보면 혁신으로 이어질 가능성 또한 높다. 전자의 방식으로는 남을 뒤따를 수는 있지만 남을 능가할 수는 없다.

그래서 1등이 되려는 자는 반드시 남들이 하지 않는 새로운 방식으로 접근해야 한다. 여기서 '뷰자데Vu jade'라는 이상한 용어가 생겨났다. 뷰자데는 데자뷰Deja vu를 거꾸로 쓴 조어다.

데자뷰란 '처음 접하지만 낯설지 않은 느낌'을 가리키는 심리학 용어다. 처음 만나는 사람, 처음 접하는 상황이지만 언젠가 만났던 사람, 접했던 상황으로 느껴진다는 것이다. 그러면 이를 반대로 뒤집은 뷰자데는 늘 접하는 익숙한 상황이지만 처음 접하는 것처럼 낯설게 보는 것이다. 여기서 아이디어가 나온다.

'낯설게 하기'는 원래 문학, 예술 이론으로 출발하여 지금 여러 분야로 확산되고 있는 '신사고 이론'이다. 러시아의 슈클로프스키가 예술 창작 이론으로 처음 사용하기 시작한 낯설게 하기는 일상적으로 접하는 익숙한 상황도 어린아이가 세상을 보듯 낯설게 바라보라는 것이다.

바닷가나 숲속에 사는 사람들에게 파도 소리나 바람 소리는 전혀 새로울 게 없다. 어쩌면 잊어버리고 지낼지도 모른다. 일상적으로 대하는 사람도 마찬가지다. 그런 상황에서는 새로운 것이 나올 수 없다. 낯설게 하기는 익숙한 세계를 낯선 시각으로 보면서 다시 구성하는 것이다.

톨스토이의 소설 〈홀스토메르〉에서는 동물의 입장에서 사람을 보고 있으며, 올레샤의 소설 〈질투〉에서는 사물의 입장에서 나를 바라본다. 주요섭의 소설 〈사랑방 손님과 어머니〉는 어린 딸 옥희의 시각으로 사랑방 손님과 어머니 사이의 성인 감정을 그려내고 있다.

이처럼 기존의 익숙한 것들도 낯선 시각으로 바라보면 무궁한 상상력과 아이디어가 나온다는 것이다.

애빌린 패러독스

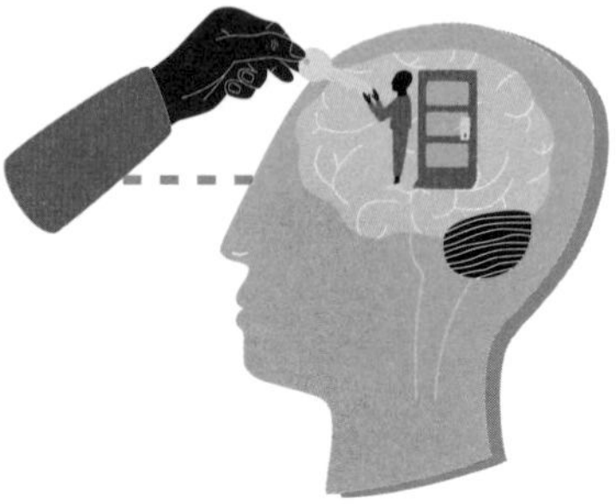

런던 거리에서 순찰 중인 경찰이 한 고급 자동차가 신호를 위반하는 것을 잡았다. 그러자 뒷좌석에 타고 있던 거대한 몸집의 사나이가 창문을 내리면서 경찰관에게 말했다.

"이보게, 정말 미안하네. 나는 처칠일세. 지금 바쁜 국정 회의가 있어서 기사에게 신호를 무시하라고 내가 지시했어. 지금 정말로 급한 상황이니 한 번 봐주면 안 되겠나?"

"거짓말하지 마세요. 영국 총리가 교통법규조차 지키지 못하는 사람은 아닐 겁니다."

처칠은 나중에 경찰청장에게 전화해서 그 경찰관을 특진시키도록 지시했으나 경찰청장은 듣지 않았다.

"제대로 된 법을 당연히 집행한 사례에 대해서 그동안 승진시켜준 예가 없습니다."

'예', '아니요'를 분명히 할 줄 아는 나라와 국민이 행복한 법이다.

"NO."라고 말할 수 있는 용기가 필요하다

어느 유학생이 미국 유학 초기, 동료에게 "창문 좀 열어도 되겠습니까?Would you mind my opening the window?" 하고 물었다가 몹시 당황했다고 한다. 한국에서 영어를 배울 때는 당연히 "네, 괜찮습니다No, I don't."로 배웠는데, "아니요, 안 되겠는데요.Yes, I do."로 대답하더라는 것이다. 여기서 문장을 잘 보면 우리말의 '긍정'은 NO로 대답하고, 우리말의 '부정'은 Yes로 대답해야 한다. 여기서 mind는 '반대하다' 정도의 의미를 가진 동사이기에 Yes, No를 바꾸어 써야 한다는 것이다.

미국이나 유대인들처럼 자유로운 교육을 받은 아이들은 교사나 윗사람들의 권위에 무조건 복종하는 일은 없다. 동양권에서 유교식 교육을 받은 아이들이 No를 잘 못하는 것이다.

우리 주위에는 "No."라고 말하지 못해 고생하는 사람들이 적지 않다. 보증 좀 서달라는 친구의 간청을 거절하지 못하고 전 재산을 날리고 달동네를 떠도는 사람들이 주위에 한 명씩은 있을 것이다. 돌아보면 "No."라고 말하지 못해 후회하는 경우가 누구에게나 몇 번 정도는 있다. 이는 유교적 교육의 영향이 큰 듯하다. '학교에 가면 선생님 말씀 잘 들어라', '어른들에게 공손해라' 등 모두가 거절하지 않는 교육만 받았으니 "No."라고 말하는 걸 잊어버린 것이다.

그레이스 보니가 지은《독립수업》에는 이런 구절이 나온다.

"나는 20대가 되기까지는 스스로에게 거절할 힘이 있다는 것을 몰랐다. 하지만 거절은 내가 배운 것 중 가장 큰 힘을 주는 행위였다."

거절할 수 있다는 것을 깨달은 후 많은 긍정적인 변화가 찾아왔다는 것이다. "No."라고 말할 때는 단호해야 한다. "No."라고 말했으면 그게 행동으로 이어져야 한다. 단호하지 못하면 여자의 No는 자칫 Yes로 해석될 수 있다.

춘향이가 No를 할 줄 모르고 Yes만 알았더라면 천하에 손가락질 받는 창기娼妓가 되어 버렸을 것이다. 그러나 춘향이는 변학도의 모진 고문과 죽음 앞에서도 그의 수청을 거절하고 "No."라고 말했기 때문에 뭇사람의 칭송을 받는 열녀가 된 것이다.

고려 말의 충신 '포은 정몽주' 선생도 그렇다. 이방원의 온갖 협박과 회유에도 불구하고 '단심가丹心歌'를 남기고 선죽교의 이슬로 사라진 선생은 만고의 충신으로 역사에 살아 있다.

이처럼 세상을 살아가는 데는 "No."라고 말할 수 있는 용기가 필요하다. 이는 매사를 부정적으로 생각하고 무조건 남의 부탁을 거절하거나 반대하라는 것이 아니다. 긍정적이고 적극적으로 삶을 살되 분명한 주관과 원칙이 있어야 한다는 것이다.

성공한 자는 'No'라고 생각할 때는 단호히 "No."라고 말할 수 있는 사람이다.

누구도 동의하지 않는 합의가 있다

"어째서 그토록 잔혹하게 홀로코스트를 자행할 수 있었는가?"

"어째서 멀쩡한 지식인들이 히틀러의 광기에 복종했는가?"

2차 세계대전이 끝난 뒤, 서양의 지식인들은 '왜 인간은 충분히 거부할 만한 상황에서 거부하지 못하고 복종했는지'를 묻는다. "No."라고 말할 수 있는 용기가 부족했던 것이다.

'애빌린 패러독스the abilene paradox'를 보자. 조지 워싱턴 대학 제리 하비 교수는 텍사스의 작은 마을에 있는 처가를 방문해 편안하게 쉬고 있었다. 그때 장인이 말했다.

"애빌린으로 가서 외식할까?"

하비 교수의 아내는 "뭐, 괜찮네요."라고 반응했고, 장모는 "오랜만에 가보고 싶긴 해요."라고 맞받았다. 운전해야 하는 하비 교수는 80km가 넘는 거리가 걸렸지만 "장모님이 원하시니 가시죠?"라면서 집을 나섰다.

애빌린까지 가는 길은 험난했다. 폭염 속을 달리는 고물 자동차의 에어컨은 그다지 도움이 되지 못했다. 겨우 도착한 애빌린에서의 식사도 그저 그랬다. 모두가 지친 몸과 마음으로 돌아오는 길, 그들은 놀라운 진실을 알아냈다.

장모는 애초에 이런 더운 날 외출할 마음이 없었고, 하비 교수 자신도 장모가 가겠다니까, 아내 역시 다들 나가는 분위기여서 따라나섰다는 고백이 이어진다. 처음 애빌린으로의 외출을 제안했던 장인도 모두가 따분해하는 것 같아서 그냥 한 말이라고 고백했다. 정상적인 사고 방식을 지닌 4명의 성인 그 누구도 "No."라고 말하지 못했던 것이다.

하비 교수는 이러한 상황을 애빌린 패러독스라고 이름 지었다. 이는 조직 혹은 사회생활을 하면서 진심과 다르게 얼떨결에 합의하지만 조직의 힘에 눌려, 분위기에 못 이겨 내린 결정일 뿐, '누구도 동의하지 않는 합의'인 것이다.

제리 하비 교수는 《생각대로 일하지 않는 사람들The Abilene Paradox and Other Meditations on Management)》에서 조직에서 개인의 목소리를 내지 않고 눈치만 보고 암묵적 대세에 따르려는 구성원들이 얼마나 나쁜 영향을 미치는지를 지적하고 있다. 조직이나 사회 분위기가 원활한 소통이 되지 않을 때 자주 일어난다.

애블린 패러독스는 건강한 의견을 차단할 뿐 아니라 조직원이나 구성원들로 하여금 책임에서 회피하려는 부작용을 낳게 된다. 만약 기업이나 국가의 중요한 사안을 결정하는 자리라면 이러한 행태는 실로 엄청난 결과를 초래할 수 있다.

하비 교수는 더운 날 수고한 덕분에 새로운 이론 하나를 건진 것이다.

패거리 문화와 군중 심리

노르웨이와 북유럽 툰드라 지역에는 레밍이라는 들쥐들이 살고 있다. 3~4년에 한 번씩 집단 자살을 하는 것으로 알려지고 있다. 일 년에 4~5번씩 새끼를 낳을 정도로 번식력이 왕성하여 개체수가 기하급수적으로 증가한다. 그리고 먹이가 부족해지면 새로운 서식지를 찾아 집단으로 이동한다. 앞선 무리가 달리기 시작하면 무리 전체가 그 뒤를 따르면서 거대한 행렬을 이룬다. 그러다 절벽, 호수, 바다에 집단으로 빠져 죽는 경우가 많다.

이를 두고 집단자살인지 아니면 새로운 서식지를 찾는 과정에서 일어나는 사건인지는 아직 불분명하다. 어느 경우든 아무 생각 없이 무작정 선두를 뒤따르는 집단행동을 '레밍 효과lemming effect'라고 부른다.

독일 동화 〈피리 부는 사나이〉가 생각난다. 독일 어느 마을에 고양이도 무서워하지 않는 쥐들이 살고 있었다. 마을 사람들은 쥐를 퇴치해주는 사람에게 상금을 걸었다. 그러자 한 사나이가 나타나 피리를 불면서 쥐들을 유인해 강물에 빠뜨렸다.

돈이 아까웠던 마을 사람들과 시장은 돈을 주지 않고 경비원을 시켜 그 사나이를 내쫓았고, 화가 난 사나이는 이번에는 피리를 불면서 아이들을 유혹해서 어디론가 사라져 버렸다. 돈을 아끼려다가 아이들을 잃은 셈이 되고 말았다.

다수를 따르는 것이 안전하다

흥분한 데모대나 사이비 종교의 광신도들을 보면 이들은 평소와는 전혀 다른 사람이 되어 있다. 군중은 무의식을 기반으로 익명성 뒤에 숨은 집단이기에, 이성이 약화되고 감성적인 요소들이 군중의 분위기를 좌우하게 되기 때문이다.

군중의 핵심 요소는 익명성과 익명성 뒤에 숨은 폭력성 그리고 비이성적이라는 점이다.

프랑스 혁명을 지켜보면서 군중을 연구하기 시작했던 귀스타브 르

봉은 《군중 심리Psychologie des foules》에서 "군중 속의 개인은 제멋대로 부는 바람에 흩날리는 한 줌 모래에 불과하다."라고 적고 있다.

군중이 되면 개개인의 이성과 사고력은 사라지고 집단화된 군중 심리가 지배하게 된다. 일단 사람들이 군중의 대열에 합류하면 이성을 잃어버리고 스스로를 통제하지 못하게 된다. 그리하여 군중은 비합리적이며 자신의 억제된 본능을 폭력으로 분출시키려 하는 것이다.

군중은 약자에게는 군림하고 강한 자에게는 비굴할 정도로 약해진다. 나폴레옹이 알프스를 넘어 오스트리아 수도로 입성하자, 많은 군중이 나폴레옹 만세를 외쳤다. 그러나 나폴레옹의 표정은 그리 밝지 않았다. 부하들이 그 이유를 묻자, 나폴레옹은 이렇게 대답했다.

"내가 만약 이번 전쟁에서 패했더라면 저 사람들이 어떤 행동을 했겠는가? 나폴레옹을 단두대로 보내야 한다고 난리를 쳤을 것 아닌가."

군중은 그만큼 변덕스럽다는 이야기다. 군중은 무지한가?

무지라기보다는 분자화되어 수동적인 존재가 된다. 이성이 숨어 버린 자리를 무의식이 대신하는 것이다. 그리고 군중은 여성화된다. 그래서 선동가에 의해 잘 넘어간다. 그리고 누군가가 나를 이끌어줄 강력한 암시자를 기다리는 여성이 되고 만다.

이 점을 가장 잘 이용한 사람이 아돌프 히틀러였다. 히틀러는 합법적으로 권좌에 올라 대중 선동으로 독재자가 된 경우다. 히틀러가 집권할 당시 독일의 분위기는 암울했다. 나라는 찢어지고, 1차 세계대전의 배상금을 갚느라 국민들은 허리를 졸라매어야 했고, 거리에는 실업자들이 넘치고 있었다.

독일 국민들은 그처럼 암울한 현실을 희망으로 바꾸어줄 강력한 지도자를 애타게 기다리고 있었다. 이럴 경우 군중은 백마 탄 왕자를 기다리는 공주가 된다. 이런 배경하에서 게르만족을 정점으로 하는 새로운 세계 질서의 수립을 꿈꾸는 히틀러가 등장한 것이다.

독일 국민들의 불만을 유대인들에게 돌려 수백만 명을 학살했다. 이는 독일인들의 잠재된 반유대인 정서를 이용하여 국민들의 감정 찌꺼기를 시원하게 배출해주었다.

히틀러의 선전, 선동은 주로 괴멜스가 맡았다. 선동의 천재였던 그는 히틀러에게 위엄 있는 태도로 확신에 찬 간결한 언어로 암시적인 연설을 하도록 유도했다. 독일 국민들에게 집단최면을 건 것이다. 암시는 집단 체면의 중요한 수단이다.

히틀러가 연설할 때는 주로 밤이었다. 연단에 오르기 전 독일인들의 민족적인 정서를 자극하는 바흐 음악으로 분위기를 잡았다. 그다음 화려한 조명을 받으며 연단에 올라 짧고 간결하며 감성적인 언어로 연설하면서 독일 국민들에게 집단최면을 걸었다. 이러한 선전, 선동을 통해 히틀러는 독일 국민들을 민족주의자로 개조했다.

군중은 악대차에 편승하여 시류를 타는 사람들이다. 사람들이 군중의 대열에 합류하는 이유는 다수를 따르는 것이 안전하다는 믿음 때문이다. 많은 사람이 선택하는 것에는 이유가 있을 것이며 나 역시 그

뒤를 따르는 것이 안전할 거라고 믿는다. 그래서 주식시장에는 늘 남의 행동을 뒤따르는 군중이 있게 된다. 주식은 남과 반대로 하라고 많은 전문가가 말하지만 잘 지켜지지 않는 모양이다.

혼자라는 불안감에 맹목적으로 다수의 길을 따른다

평소 궁금한 게 하나 있었다. 광우병 촛불집회 당시, 분노의 눈빛을 이글거리며 미국산 쇠고기 수입 반대를 외치던 그 사람들은 '지금도 미국산 쇠고기를 입에 대지 않는 것일까?' 하는 의문이다.

들리는 소문으로는 미국산 쇠고기 반대 집회를 주도했던 운동권들도 두 파로 나누어졌다고 한다. 지금까지 아무런 문제가 없으니 먹어도 된다는 온건파와 절대 불가라는 강경파로 말이다. 광우병뿐 아니라 어떤 병도 확률적으로는 발병 가능성이 있다.

그러나 결과적으로 보면 지금까지 광우병에 걸렸다는 사람, 죽었다는 사람이 아무도 없다. 수치로 비유할 수는 없지만, 미국산 쇠고기를 먹고 광우병에 걸릴 확률은 벼락 맞을 확률보다 낮다.

마키아벨리는 이렇게 말한다.

"군중은 모이면 여성화되고, 이성이 아닌 감성이 지배하게 되어 단순해지고 과격해진다."

주식시장에 가보면 쪽박 찬 사람들은 대부분 개미 투자자들이다. 큰손들이 다 거두어 간 다음에 허우적거리다 본전마저 날린 것이다. 주식시장의 교훈은 남들과 반대로 하라지만 실제로는 혼자 가는 불안감에 그러지를 못한다.

주식투자로 전설적인 부를 축적한 워런 버핏은 이렇게 말한다.

"주식은 복잡한 회계 공식, 값비싼 컴퓨터 시스템, 주식시장의 가격변동에 따라 이뤄지는 것이 아니다. 시장의 집단적 뇌동성으로부터 자신의 감정을 보호하는 능력과 좋은 기업에 대한 판단력을 키움으로써 이뤄지는 것이다."

부동산투자를 해도, 주식을 사도, 여행을 가도 누군가 인도해주는 길을 따라서 간다. 자신이 보고 싶은 곳만 골라 혼자서 여행하는 외국인들의 모습과는 상반된다.

1894년 프랑스 파리의 군사 법정, 알프레드 드레퓌시라는 유대인이 재판을 받고 있었다. 그의 혐의는 군사 기밀을 빼내어 독일에 넘겨주었다는 것이었다. 당시 프랑스에도 유대인을 싫어하는 분위기가 있었던 모양이다. 그는 프랑스와 독일 국경 지대인 알사스 지방 출신이지만 유대인이라는 이유로 법정에 선 것이다. 알퐁스 도데의 마지막 수업의 무대가 바로 그곳이다. 형식적인 재판을 통해 그에게 종신형이 선고되었다. 죄가 없다고 외칠수록 오히려 군중은 그에게 야유를 퍼부었다.

그러다가 프랑스 군사 법정을 곤란케 하는 문제가 생겼다. 4년 후에 진범이 잡힌 것이다. 그래도 프랑스 군사 법정은 오히려 진범에게 면죄부를 주어 풀어주었다. 진범을 잡아넣는다면 자신들의 오류를 스스로 인정하는 꼴이 되기 때문이었다. 역사상 진범이 잡혔음에도 가짜를 진범으로 감옥에 가둔 사례는 없는 듯하다.

이에 당대의 작가였던 에밀 졸라가 역사의 공범자가 되기 싫다며 진실을 공개했지만, 그 글이 오히려 반유대 정서를 부채질하고 말았다. 유대인들은 나라 없는 서러움을 뼈저리게 느껴야 했다. 여기서 촉발된 것이 시오니즘, 곧 팔레스타인 땅에 내 나라를 세우자는 운동이 시작되었다.

램프 증후군

《아라비안 나이트》에서 알라딘은 요술 램프를 구하러 갔다가 마법사에게 속아 동굴 속에 갇히고 만다. 이때 그를 구해준 것이 램프의 요정 지니다. 요술 램프를 문지르면 지니가 나타나 해법을 가르쳐주었던 것이다.

기적을 경험한 알라딘은 수시로 요술 램프를 문질렀다. 그리고는 일어나지도 않은 일에 대해 걱정하며 조언을 구했다. 이처럼 실제로 일어날 가능성이 없는 일을 스스로 걱정을 만들어, 자신을 괴롭히는 현상을 '램프 증후군'이라고 부른다.

램프 증후군의 동양 버전은 '기우杞憂'이다. 중국의 고서 열자列子에 기우라는 사람의 이야기가 나온다. 기우는 '하늘이 무너지고 땅이 꺼지면 어떻게 하나?' 쓸데없는 걱정을 하느라 침식까지 전폐했다. 여기서 비롯되어 일어나지도 않은 그래서 쓸데없는 걱정을 기우라고 부르게 되었다.

불안을
다른 불안으로 대체한다

사회가 복잡해질수록 고민은 늘어나고 깊어간다. 농경사회라면 하늘에서 비가 내리지 않거나 가뭄이 가장 큰 걱정거리였을 것이다. 그러나 이것이 산업사회, 디지털사회로 접어들면서 변화의 속도는 더욱 더 빨라지고 미래 예측은 더욱 어려워졌다. 이것이 불안을 가중시키는 요인이 되었다.

처음에는 이러한 원인을 복잡해진 사회 탓으로 돌리며 당연한 것으로 생각했다. 하지만 이제는 통제된 불안의 하나로, 일종의 정신적인 장애로 보고 있다.

우리나라 젊은이들이라면 고용 문제를 비롯하여 양극을 치닫는 빈부격차 문제, 자신의 장래, 가족, 대인관계의 불안 등으로 과잉 고민에 시달리고 있다. 자고 나면 새로운 기술이 등장하는 디지털 환경도 젊은이들의 고민 중 하나일 것이다.

프랑스 작가 알랭 드 보통은 "인생이란 하나의 불안을 다른 불안으로 대체해 가는 과정이다."라고 말하고 있다. 사람의 욕심은 끝이 없어서 지금 가장 아쉬워하는 '이것' 하나만 해결되면 아무 걱정이 없을 것 같지만, 그 하나가 해결되고 나면 또 다른 고민이 생긴다. 만족하는 비결은 가진 것에 만족하는 것이지만, 그것이 경지에 이른 사람이 아니고서는 쉽지 않다.

중국의 고서 열자에 보면 공자가 태산에 놀러 갔다가 금琴을 타면서 즐겁게 노래하는 노인을 만나 무엇이 그리 즐겁냐고 물었더니 이렇게 대답했다.

"사람으로 태어났으니 그 아니 즐거움이요. 남자로 태어났으니 또한 즐거움이요, 선비로 태어나서 이제 죽음을 맞이할 차례니 그 또한 즐겁지 않소이까?"

여러 해 전 어느 방송 프로에 나온 주부의 말이 생각난다. 그 주부는 신혼 초에는 세탁기만 있으면, 냉장고만 있으면 행복할 거로 생각했다. 그러다가 세탁기, 냉장고를 갖추었으나 행복과는 전혀 거리가 멀더라는 이야기다. 사람이 물질에 만족하는 것은 그리 오래 가지 않는다는 의미다.

프랑스 작가 알랭 드 보통은 말한다.

"광고는 어떤 물건이라도 우리의 행복 수준을 바꾸지 못한다는 점에 대해서는 침묵하고 있다."

돈을 보자. 일반 서민들은 그저 '인간적 존엄'을 유지할 수 있을 정도의 돈만 있으면 걱정이 없을 거라고 믿는다. 그러나 복권에 당첨되어 거금을 받은 사람들 대부분은 10년 후에는 빈털터리가 되었더라는 이야기는 우리 주위에서 흔히 일어나는 일이다. 돈이 많으면 많을수록 더 많이 갖고 싶고, 더 많은 것을 가지려다 가진 돈마저 날리고 만다.

걱정의 4%만이 자신의 힘으로 바꿀 수 있다

우리가 당면하고 있는 고민의 대부분은 고민한다고 해결책이 있는 것이 아니다.

미국 심리학자 어니 젤린스키는 이렇게 진단하고 있다.

"우리가 하는 걱정의 40%는 절대 현실에서 일어나지 않는 일에 대한 것이고, 30%는 이미 일어난 일에 대한 것이고, 22%는 사소한 일에 대한 것이며, 4%는 우리가 바꿀 수 없는 것들이고, 나머지 4%만이 우리 힘으로 바꿀 수 있는 일이다."

따라서 우리는 우리가 바꿀 수 있는 4%의 걱정 이외의 96%는 비워야 할 생각들이다. 뚜렷한 이유 없이 수심이 가득하고 세상 걱정을 다 하는 경우는 일종의 '불안 장애anxiety disorder'다. 한 통계 자료에 의하면 우리나라 국민 10명 중 6명은 우리 사회의 안전망이 미약하다고 느끼고 있고, 청소년들은 10명 중 6.6명이 미래를 불안하다고 생각한다.

요즘 일본에서는 사회비평서 《고민하는 힘》이라는 책이 100만 부를 돌파했다는 소식이다. 저자는 재일교포 강상중 씨로 일제 강점기에 일본으로 건너간 사람이다. 이의 핵심은 고민이라는 부정적 에너지를 긍정의 에너지로 바꾸는 방법론에 관한 책이다.

그 외에도 《나를 피곤하게 만드는 것에 반응하지 않는 법》 등과 같이 고민을 가볍게 다루는 방법론에 관한 책들이 인기를 끌고 있다. 《메모의 재발견》이라는 책으로 유명한 일본의 다카시는 불안이나 걱정을 마음에 담아 두지 말고 메모하라고 권한다. 불안이나 걱정은 막연할수록 점점 더 불어나는 특성이 있다는 것이다.

안개와 같은 정체가 불분명한 불안을 안고 살지 말고 불안의 정체가 무엇인지, 내가 해결할 수 있는 문제인지, 해결할 수 있다면 그 방법은 무엇인지 메모하고서 잊어버리라는 것이다.

마녀사냥의 심리

마녀사냥은 주로 16~17세기 중세에 이루어졌다. 15세기부터 산발적으로 이루어지다가 16세기 말경에 절정을 이루었다. 서양의 중세는 이교도와의 전쟁, 종교개혁 그리고 마녀사냥으로 점철되었다.

마녀란 당시의 개념으로 '그리스도에 대한 믿음을 버리고 악마와 계약을 맺어 마력으로 하늘을 날아다니며 악마와 교접하는 자'로 규정되었다. 이들을 무차별 잡아들여 화형에 처하는 것이 마녀사냥이었다.

기독교 교의학에 의하면 마녀는 단순히 평범한 이단자들이 아니다. 가톨릭 신앙을 모독하면서 악마에게 충성하는 배교자들이다. 또한 자신의 몸과 영혼을 악마에게 파는 사람들이다. 이들은 세례받지 않은 아이들을 죽여서 시신을 끓여 연고로 만든 다음, 그 연고를 바르고 하늘을 날아다닌다. 아이로부터 세례와 구원의 은총을 빼앗기 위함이다. 마지막으로 악마와 성관계를 맺는다.

누군가
희생양이 필요하다

마녀사냥의 배경에는 여러 요인이 깔려 있다. 당시 유럽은 가톨릭이 주축이 되어 이교도인 이슬람권과 십자군 전쟁을 벌였으나 패하고, 종교개혁으로 비롯된 30년 전쟁에서 가톨릭 세력이 약화되고 개신교 세력이 강해지면서 여러 종파로 갈리었다. 여기에 기근과 여러 차례에 걸친 흑사병이 가세했다. 이런 사회적인 혼란을 수습하기 위해 희생양으로 만들어낸 것이 마녀였다.

1923년 도쿄 부근 간토 지역에서 대규모 지진이 발생하여 민심이 흉흉해지자, 일본은 조선인들을 마녀로 몰았다. 조선인들이 땅속에 폭탄을 넣어 지진을 일으켰고, 혼란을 틈타 남의 재산을 약탈하고, 우물에 독을 뿌리고 다닌다고 유언비어를 날포했다. 그리고 조선인들을 닥치는 대로 잡아들여 고문하고 죽였다. 이때 6천 명이 희생되었다.

또 종교개혁 이후, 신구 교도들 간 극심한 갈등 속에 서로 상대를 신앙의 적으로 몰아갈 필요가 있었던 것이다. 여기서 조작된 이미지가 마녀였다. 마녀재판은 종파적 갈등에서 반대파를 제거하는 수단으로 악용되기도 했다.

마녀를 가리는 방법도 아주 간단하다. 물에 던져 살아 나오면 마녀, 죽으면 마녀가 아니라고 인정했다. 불 위를 걷게 해서 살아 나오면 마녀, 죽으면 마녀가 아니라고 간주했다. 이처럼 마녀로 지목되면 죽음을 면하기 어려웠다.

이런 목적 외에도 특정인에 대한 시기나 질투의 수단으로도 이용되었다. 영국과 프랑스의 100년 전쟁에서 프랑스를 구한 잔 다르크도 마녀로 몰려 19살의 나이로 화형에 처해졌다. 프랑스의 샤를 7세는 자칫 영국으로 넘어갈 뻔했던 왕위를 잔 다르크 덕분에 되찾았지만, 그녀의 인기가 치솟자 심한 질투를 느꼈던 것이다. 거기에다가 귀족들까지 갑자기 부상한 잔 다르크를 시기하여 죽음으로 내몰았다.

그녀의 죄명은 누구든 사제를 거치지 않고는 신성한 신의 계시를 받을 수 없다는 규율을 어겼다는 것이었다. 후에 잔 다르크는 성녀로 추앙되었다.

천문학자 조르다노 브루노는 코페르니쿠스의 지동설을 지지한다는 이유로 화형을 받았으며, 천체의 타원 궤도를 발견한 천문학자 케플러의 어머니 카타리나도 마녀로 몰렸다.

병약한 어머니에게서 태어난 카타리나는 어머니 대신 산파 집에서 자라야 했다. 덕분에 약초에 대해 해박한 지식을 갖고 있어 주술과 약초로 사람들의 질병을 치료해주기도 했다. 이것이 마녀로 몰리는 계기가 되었지만 케플러의 탓도 있었다. 지구가 자전한다는 코페르니쿠스의 가설을 케플러의 관측으로 실증적 토대를 마련하는 바람에, 당시 성직자들에게 미움을 받았던 것이다. 카타리나는 본인의 논리정연한 항변과 아들 케플러의 도움으로 무죄가 되었지만 이미 사망 직전이었다.

마녀로 처형된 사람들 중에는 여성이 80~90%였다. 대개 공동체에서 출산과 질병 치료를 도와주고 점을 치는 무녀들이었다. 마녀의 경제적인 측면도 상당했다. 명분은 마녀사냥이었지만 이들을 잡아들여 '자백'을 받으면 그녀의 재산은 영주, 주교, 이단 심문관이 나누어 가지도록 했기에 멀쩡한 사람도 마녀로 지목되어 화형을 당하는 사례가 적지 않았다.

약 300년간 유럽 전역에서 지속된 마녀사냥에서 희생된 사람의 수가 수십만에 이른다는 설도 있고 수백만에 이른다는 설도 있다.

마녀사냥은 현대에도 활개를 치고 있다. 1950년대 미국 공화당 상원의원이었던 매카시는 어느날 의회 연설에서 이렇게 말했다.

"국무성 안에 105명의 공산당원이 있다."

이 말 한 마디가 일파만파로 번져 나중에는 마녀사냥으로 번졌다. 지금 대한민국도 마찬가지다. 바로 '종북' 세력이라는 딱지다. 아무리 잘나고 똑똑한 사람이라도 여기에 걸리면 빠져나오기 어렵고 빠져나온다고 하더라도 그의 인생은 구겨지고 만다.

아인슈타인이 물방울 두 개는 합쳐도 하나라고 기자들에게 농담한 적이 있었다. 그러자 언론에서는 아인슈타인의 말이라면서 "1+1은 1이다."라고 보도했다. 사실을 조금만 왜곡시켜도 얼마든지 마녀를 만들 수 있다는 것이다.

요즘 우리나라에서 이루어지는 마녀사냥은 주로 정치인, 유명인사, 연예인 등을 대상으로 이루어지고 있다. 인터넷 악플을 통한 악의적인 음해다. 악플에 시달리다 못해 자살한 연예인도 여럿이다. 어느 방송에서 한 여성이 "신장 180 이하의 남자는 모두 루저loser다."라는 발언을 했다가 마녀사냥의 표적이 되었다.

당사자인 그 여성은 인터넷 악플에 시달리다가 정신적으로 큰 충격을 받아 병원 치료를 받고 있다는 소식이다. 누군가를 희생양으로 만들고 싶은 풍토가 마녀사냥의 온상인 것이다.

미리 거짓이라고 답을 정해놓고 답을 찾다

사람들은 극단적인 현상이 일어나면 음모론으로 생각하려는 경향이 있다. 아직도 아폴로 달 착륙을 음모라고 생각하는 사람들이 있다. 이들이 주장하는 음모의 핵심은 공기가 없는 달에서 성조기가 펄럭일 수 없다는 것이다.

그러나 이는 일반 국기대와는 달리 가로 세로로 거치대가 있어 이를 만지면 완전히 펼쳐지는 것처럼 펄럭이게 만든 것이다. 예를 들어 바람이 없는 방에서 혼자 손수건을 들고 흔들어보면 바람이 없어도 손수건은 펄럭일 수 있다는 것을 알 수 있다. 냉전이 치열했던 시기에, 만약 미국이 이를 조작했다면 소련이 모를 리 없었을 것이다.

음모 이론은 마치 마녀사냥과도 흡사한 점이 있다. 미워하던 사람이 어느 분야에서 크게 성공을 했다면, 아마도 거짓일 거라고 미리 답을 정해놓고는 조금만 엇비슷한 증거가 나와도 그렇게 몰아붙이기 때문에 음모론은 더욱 증폭된다.

2011년 일본에서 대지진과 함께 거대한 쓰나미가 일어 미야기현이 온통 쑥대밭이 된 사례가 있다. 사람들은 일본처럼 기술 선진국에서 이런 일이 일어난 것은 누군가의 음모라는 주장이 나돌았다. 바로 유대인의 음모라는 것이었다.

이들의 주장은 유대인의 지배를 받는 미국 교회협의회에서 일본 해저에 핵무기를 터뜨려 지진과 해일을 일으켰고, 이것으로 일본의 원전을 망가뜨리고 도쿄를 암흑으로 만들려 했다는 것이다. 나아가 도쿄를 암흑으로 만든 것은 도쿄 지하에 묻혀 있는 수소폭탄에 전력 공급 과정을 은폐하기 위함이라는 그럴싸한 이야기로까지 증폭되었다.

이러한 음모론은 대부분 프리메이슨 조직이나 일루미나티와 같은 중세로부터 이어지는 비밀조직이 관련되어 있을 것으로 추측하고 있다. 큰 사건만 일어나면 고개를 드는 것이 음모론이다.

에이즈 바이러스에도 음모론이 스며들었다. 미 국방성이 흑인, 동성

애자, 마약 중독자들을 제거하기 위해 만들었다는 음모다. 9.11테러가 일어났을 당시에는 그것이 빈 라덴의 소행이 아니라, 이스라엘 첩보 부대나 심지어 미 국방성 소행이라는 소문도 돌았다. 그러다가 조금이라도 근접하는 증거가 나타나면 이들의 믿음은 맹신에 가까워진다. 음모론을 퍼뜨린 사람과 사회 문화적인 배경을 공유하는 그룹이 이에 동조하기 시작하면 순식간에 '사실'이 되어 버리는 것이다.

이러한 현상을 심리적으로는 '자기중심적 편파egocentric bias'라고 부른다. 인지부조화라고도 한다. 끊이지 않고 제기되는 음모론 중에는 유대인, 거대 자본, 비밀스러운 종교 집단이 빠지지 않고 등장한다.

다빈치 코드의 작가 댄 브라운의 작품 《천사와 악마》에는 비밀결사 일루미나티의 소행으로 보이는 연쇄 살인 사건이 일어난다. 모든 사람들이 불안에 떨 때 교황의 자리를 노리는 음모였음이 밝혀진다. 결국 인간의 나약함이 이런 음모론의 온상이 된다.

심리학적으로 이러한 음모론은 인간에게 두려움을 주지만 때로는 두려움에서 해방시켜주기도 한다. 말세를 주장하는 비밀 종교를 보면 이들은 한없이 행복해 보인다. 예언된 종말의 그날이 오기까지는 말이다.

고슴도치 딜레마

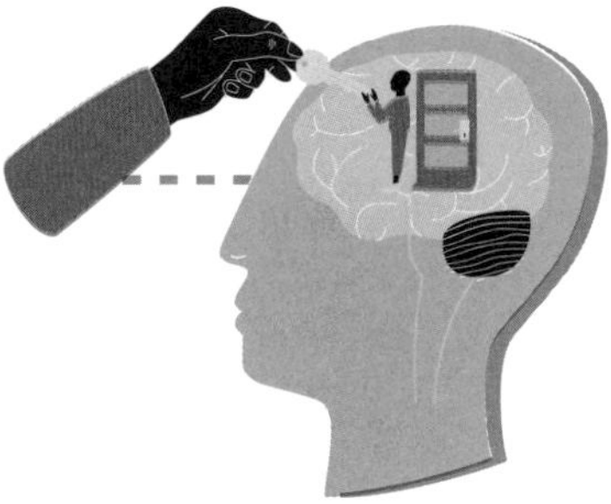

'고슴도치 딜레마hedgehog's dilemma'는 독일 철학자 쇼펜하우어가 제안한 개념이다. 쇼펜하우어는 인간을 얼어붙은 땅에 버려진 고슴도치에 비유하고 있다. 고슴도치들은 온기를 찾아 서로를 가까이하려고 해보지만, 너무 가까이하게 되면 상대의 가시에 찔리게 되고 너무 멀리하면 온기가 그리운 것이다. 이런 과정을 되풀이하다가 찾아낸 방법이 가시가 없는 머리를 맞대고 어우러진다.

이처럼 인간의 독립성과 타인과의 관계 사이를 설명하기 위해 내놓은 개념이다. 적당한 거리를 유지하는 것이 인간관계의 정답이다. 일부 학자들은 평생을 독신으로 살았던 쇼펜하우어가 자신을 합리화시키기 위해 내놓은 개념이라고 주장하지만, 누군가와의 관계를 맺고 싶지만 인간 본성이 가지고 있는 '가시'로 인해 서로가 상처를 입을 수밖에 없다는 진리를 담고 있는 것도 사실이다.

너무 가까이도 너무 멀지도 않게

어느 유학자는 인간이 예禮를 발명한 것도 그 때문이라고 말한다. 서로가 적당한 거리를 유지하기 위한 방법이 예라는 것이다. 서로가 예를 잘 지키면 가시에 찔리지 않으면서 적당한 온기를 나눌 수 있다.

현실의 세계에서 누구나 다른 누군가를 가까이하려 한다. 혼자서는 너무 외롭기 때문이다. 그러나 누군가가 가까이 다가와 이런저런 간섭을 시작하면 가시를 세우게 된다. 심리학자 프로이트는 이를 심리학 분야로 확장해 부부, 가족, 친척, 친구 등 모든 인간관계에는 가시, 곧 혐오와 질투와 적대감이 동시에 숨어 있다고 말한다. 이런 적대감이 없는 사이는 어머니와 아들의 관계뿐이라고 말한다.

여기에는 나르시시즘이 작용하기 때문이라는 것이다. 프랑스 드골 대통령의 경우다. 그는 10년 동안 대통령직에 있으면서 참모들을 2년 이상 같은 자리에 두지 않았다. 매너리즘에 빠지지 않기 위해서라고 한다. 같은 참모라도 자리가 바뀌면 새로운 의견을 제시하더라는 것이다. 인간관계의 또 다른 측면이다.

중국의 고사에 불가근불가원不可近不可遠 고사가 있다. 인간관계는 너무 가까이도 너무 멀리도 하지 말라는 이야기다. 인간관계는 마치 뜨거운 난로와도 같다. 너무 가까이 가면 뜨거워서 죽고 너무 멀면 얼어 죽는다.

타인의 온기는 즐기되 간섭은 싫다

오나라를 무너뜨리고 승자가 된 월나라 왕 구천에게는 두 명의 충직한 신하가 있었다. 범려와 문종이었다. 두 사람 모두 오나라를 무너뜨리고 월나라를 세운 일등공신들이었다. 전쟁에서 이긴 월나라는 승전 축하연을 열었다. 축하연에서 대신들이 범려와 문종의 공을 칭송하자, 구천의 얼굴색이 바뀌었다.

이것을 본 범려는 문종을 찾아가 말했다.

"무릇 월왕 구천은 불가근불가원의 인물이오. 즉 어려움을 함께할 수는 있어도 영광을 함께 누릴 수는 없는 인물이오. 만일 그대가 구천의 곁에 가까이 머무른다면 필시 그에게 죽임을 당할 거요. 그러니 어서 이 왕궁을 떠나 그대의 살길을 도모하시오."

범려는 혼자서 월나라를 떠났지만, 문종은 꾸물거리다가 구천이 내린 칼로 자결해야 했다. 일설에 의하면 범려는 절세의 미인 서시와 함께 나룻배를 타고 멀리 떠났다고 한다. 범려가 살아남을 수 있었던 것은 스승 귀곡자의 가르침이었다. 귀곡자는 천문지리에 밝아 범려에게 세상의 이치를 가르쳐주었다.

"모든 것은 정점에 이르면 위험에 처하게 된다."라는 것이 귀곡자의 가르침이었다. 이것이 명리학의 기조가 되었다.

한나라를 세운 일등공신은 장량과 한신이었다. 한나라를 세운 장량은 자신의 역할이 다했음을 알고 깊은 산중으로 숨어들어 일가를 이루었지만, 미련을 버리지 못한 한신은 유방 근처를 서성이다가 죽고 말았다. 장량이 식솔들을 데리고 숨어든 곳이 우리나라 관광객들이 즐겨 찾는 '장가계'다. 장씨 후손들이 살았다는 의미다.

너무 가까이도 너무 멀지도 않게, 말은 쉽지만 참으로 실천이 어려운 모양이다. 근래에 들어 독신이나 1인 가구가 증가하는 것도 고슴도치의 딜레마로 설명할 수 있을 듯하다. 남과 어느 정도는 가까이하면서 타인의 온기를 즐기되, 남의 간섭은 받기 싫다는 심리적 상태 말이다.

시인 조지아 오키프는 자신의 상처를 치유받지 못한 사람은 모두 선인장이라고 말한다. 자신이 받은 상처를 가시처럼 몸에 박아 다시 타인에게 상처를 주는 선인장 말이다.

확률과 게임 이론

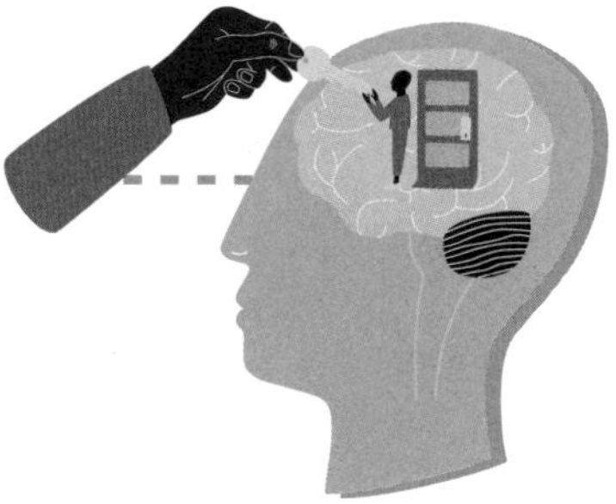

러시아의 대문호 도스토옙스키는 병적인 도박꾼이었다. 아내의 결혼반지, 귀고리, 옷, 신발까지 전당포에 맡기고 도박을 했다. 한번은 집으로 돌아갈 차비마저 잃고는 며칠 동안 걸어서 집으로 돌아왔다. 집으로 돌아와서는 아내 앞에 엎드려 통곡하면서 도박에 손을 떼겠다고 맹세하지만, 며칠이 지나면 또다시 도박병이 도졌다.

도박사는 늘 오류에 빠진다. 지난 몇 번에 걸쳐서 돈을 잃었으니 이번에는 돈을 딸 가능성이 높다고 착각한다. 이것이 '도박사의 오류 gambler's fallacy'다.

예측과 착각,
큰 수의 법칙 VS 작은 수의 법칙

'큰 수의 법칙law of large numbers'은 어떤 시행을 몇 번 되풀이할 경우, 일정한 사건이 일어날 비율은 횟수를 거듭할수록 일정한 값에 가까워진다는 법칙이다. 주사위에서 특정값, 예를 들어 '3'이 나올 확률은 1/6이다. 그러나 여섯 번을 던져도 3이 한 번도 나오지 않는 경우가 얼마든지 있다. 그러나 60번, 600번을 던지다 보면 실제로 3이 나오는 경우는 10번, 100번에 가까워진다.

이를 큰 수의 법칙이라고 부른다. '경험적 확률'과 '수학적 확률'의 관계를 나타내는 정리다. 즉 표본의 크기가 커질수록, 곧 여러 번 시행할수록 이론적으로 예측할 수 있는 결과에 가까워진다.

이와 반대로 몇 번의 자신의 경험을 가지고 일반적으로 확대하는 경우가 '작은 수의 법칙law of small numbers'이다. 카너먼 교수는 불충분한 표본으로 잘못 만들어진 확률값 p로 인한 잘못된 착각을 작은 수의 법칙이라고 말하고 있다.

자, 여기 500원짜리 동전이 있다. 한 면에는 '500'이라는 글자, 다른 한 면에는 '두루미'가 새겨져 있다. 동전을 다섯 번 던졌을 때 모두 두루미가 나왔다. 이제 여섯 번째 던질 차례다. 여러분은 두루미와 500 중에서 어느 것에 돈을 걸겠는가?

도박사들은 이렇게 생각한다.

'동전의 한 면이 6번 잇따라 나올 확률은 $(1/2)^4$이 되어 1/64이 된다. 그렇다면 6번째 500이 나올 확률은 1−1/64=63/64로 당연히 500이 절대적으로 유리하다.'

이런 논리가 도박사의 오류다. 동전처럼 앞뒤가 나올 확률이 동일한 게임은 앞서의 결과와는 상관없이 앞뒤가 나올 확률은 여전히 1/2로 동일하다.

실제로 1913년 모나코의 몬테카를로 도박장에서는 믿을 수 없는 사건이 벌어졌다. 구슬이 20번 연속 검은 칸으로 떨어지는 이변이 일어난 것이다. 그러자 도박사들은 이번에야말로 붉은색 칸으로 떨어질 것이라 생각하여 많은 돈을 걸었다. 그러나 구슬은 26회까지 여전히 검은색 칸으로 떨어졌다.

독립 시행의 동전 던지기는 앞서의 결과가 뒤의 결과에 전혀 영향을 미치지 않고, 어느 경우에도 확률이 1/2인 것이다. 여기서 도박사들은 늘 착각을 한다.

1차 세계대전 이야기를 해보자. 1차 세계대전 당시 병사들은 포탄이 떨어진 지점으로 피신하라는 교육을 받았다고 한다. 한 번 포탄이 떨어진 곳에 또다시 포탄이 떨어질 가능성은 아주 낮을 거라는 추론에 근거한다. 그러나 이 역시 도박사의 오류다.

타율이 0.333인 타자가 있다고 하자. 이는 3번 타석에 들어서면 1번은 안타를 친다는 의미다. 이 타자가 2번 연속해서 땅볼을 쳤다면 해설자는 이런 멘트를 하기 십상이다.

"이번 공은 더 조심해서 던져야 합니다. 이 타자 타율이 1/3인데 이전까지 2번 타석에서 안타를 못 쳤으니 3번째인 이번에는 안타가 나올 확률이 아주 높거든요."

이 타자가 타석에서 안타를 칠 확률은 그 이전에 안타를 쳤든 치지 못했든 상관없이 여전히 1/3이다.

몇 가지 사례를 더 보자. 윷을 던져서 계속 도, 개, 걸만 나오면 그다음은 윷이나 모가 나올 확률이 높아질 것으로 착각한다. 로또에서 매번 낙첨된 사람은 다음번에는 당첨 확률이 높아질 것으로 착각한다. 그러나 로또 당첨 확률은 구입 횟수와 상관없이 대략 1/8,145,000이다.

계속해서 딸만 낳은 부부는 다음에 아들을 갖게 될 확률이 높아질 것으로 착각한다. 성공할 확률이 10% 정도밖에 안 되는 수술을 할 경우 의사가 지난 9명에게 모두 실패했다면 이번에는 성공할 것이라는 믿음이 강해진다.

조건부 확률, 조건이 바뀌면 확률도 바뀐다

조건부 확률은 두 가지 조건 이상을 만족시키는 확률이다. 예를 들어 어느 반 학생 35명을 대상으로 방과 후 특별활동 프로그램에 대한 참여 여부를 조사했더니 아래 표와 같았다.

이 학생들 중에서 임의로 뽑은 한 명의 학생이 남학생이었을 때, 그 학생이 방과 후 교육 프로그램에 참여할 학생일 확률을 구하라.

성별	참여	불참	계
남	15	3	18
여	13	4	17
계	28	7	35

이런 유형의 문제를 '조건부 확률conditional probability'이라고 부른다. 세상을 확률적인 개념으로 파악하기 위해서는 필히 넘어야 할 산이다. 이의 풀이는 선택한 학생이 'a. 프로그램에 참여할 남학생일 확률'을 'b. 남학생일 확률'로 나누면 된다.

프로그램에 참여할 남학생일 확률(A) : 15/35, 남학생일 확률(B) : 18/35, 따라서 A/B = 5/6이다. 조건부 확률의 문제는 수능에 빠지지 않고 출제되는 문제다. 수험생을 둔 부모님들이 이 책을 보고 있다면 충분히 숙지한 다음에 자녀들에게 꼭 가르쳐주시기 바란다.

이번에는 몬티홀 이야기를 해보자. 이 문제는 1990년도 미국의 TV 프로그램인 몬티홀 쇼에서 유래되었다.

출연자 앞에는 세 개의 문이 기다리고 있다. 그중 하나의 문 뒤에는 포르셰 자동차가 있고, 나머지 두 개의 문 뒤에는 염소가 있다. 출연자가 자동차가 있는 문을 선택하면 포르셰 자동차가 상금으로 주어진다. 염소를 고르면 '꽝'이다.

출연자가 세 개의 문 중 A를 선택했다. 이때 진행자가 '잠깐만' 하고서 남은 두 개의 문 중에서 염소가 있는 문, 예를 들어 C를 열어 보인다사회자는 어느 곳에 자동차가 숨어 있는지 미리 알고 있다.

그리고는 이렇게 말한다.

"지금이라도 선택을 바꿀 수 있습니다. 선택을 B로 바꾸시겠습니까?"

여기서 '선택을 바꾸는 게 유리한가?' 하는 문제다. 이 문제에 대해 대부분의 사람은 이렇게 생각한다. C에 자동차가 없는 것이 확인되었으므로 자동차가 나올 확률은 A, B 모두 1/2이다. 공연히 선택을 바꾸었다가 들어온 복을 날리지 말고 처음의 선택을 유지하자는 쪽으로 생각한다는 것이다.

이 문제의 풀이는 이러하다. 자동차가 나올 확률은 A, B, C 모두 1/3이다. 따라서 B나 C 둘 중에서 자동차가 나올 확률은 2/3가 된다. 여기서 C에 자동차가 없는 것이 확인되었으므로 C의 확률은 '0'이 되는 반면에 B의 확률은 2/3로 높아진다는 것이다.

다시 말하면 선택을 바꾸지 않으면 A에서 자동차가 나올 확률은 1/3 그대로지만 선택을 바꾸어 B를 선택한다면 확률이 2/3로 높아진다는 것이다. 이처럼 조건부 확률은 조건이 바뀌면 확률도 바뀐다.

예를 들어서 집에서 결혼반지를 잃어버렸다. 결혼반지가 나올 가능성이 높은 곳은 보석함, 장롱, 책상 서랍 순이다. 각각 임의로 50%, 30%, 20%의 가능성을 부여했다고 하자. 확률 50%인 보석함을 뒤져도 나오지 않았을 때 장롱과 책상 서랍에서 나올 가능성은 처음보다 더 높아진다. 장롱을 뒤져도 나오지 않았다면 책상 서랍에서 나올 확률은 더욱 높아진다는 것이다.

1968년 1월 17일 오전, 수소폭탄을 실은 미국의 B-52기가 공중 급유를 받는 동안 스페인 해역에 수소폭탄 4발을 바다로 떨어뜨렸다. 이 문제를 해결한 것이 몬티홀 문제에서 나오는 조건부 확률이었다. 먼저 주어진 상황을 검토하여 핵무기가 있을 가능 지역에 각각 확률을 부여했다. 가장 유력하다고 판단되던 지역에서 핵무기가 발견되지 않았다면 아직 조사하지 않은 지역에서 발견될 확률은 더 높아진다는 것이다. 이것이 몬티홀 문제의 핵심이 되는 조건부 확률이다.

'몬티홀 문제monty hall problem'는 인간이 합리적이라는 가정으로 성립된 경제학의 가정을 꼬집는 사례로 유명하다. 인간은 합리적인 존재이며 늘 자신의 이익을 위해 행동한다고 가정하는 경제학에 따르면, 몬티 홀 문제에서 사람들은 모두 선택을 바꿔야 한다. 그러나 실제 사람들은 선택을 바꾸지 않더라는 것이다.

사실 이 문제는 논리적으로는 이해가 된다고 하더라도 여전히 고개가 갸웃거려진다.

최선을 선택하지 않고 차선을 선택한다?

게임 이론의 핵심은 '균형'이다. 존 내쉬는 게임 이론으로 노벨 경제학상을 받은 천재 수학자였다. 영화 〈뷰티플 마인드〉는 내쉬가 게임 이론에 관심을 가지게 되는 배경을 영화로 만든 것이다.

영화에서 내쉬가 아이디어를 얻는 장면을 보자. 프린스턴 대학 재학생 내쉬는 어느날 친구들과 술집에서 술을 마시고 있었다. 그들 외에도 아름다운 금발 미녀와 그녀의 친구들도 있었다. 남자들의 바람은 금발의 아름다운 미녀와 같이 노는 것이었다.

그러나 현실은 그중에 한 남자만 미녀와 놀 수 있고 나머지는 딱지를 맞아야 한다. 딱지 맞은 남자들이 그보다 덜 아름다운 여자에게 다가가 보지만, 미녀에게 갔다가 딱지 맞은 것을 목격했기에 여자의 자존심으로 받아들일 수가 없다.

여기서 내쉬가 생각했다. 처음부터 가장 아름다운 여자에게 가지 말고 차선의 여자들에게 다가갔더라면 성공 확률이 훨씬 더 높지 않을까?

최선을 선택하지 말고 차선을 선택하라는 것이다. 애덤 스미스에 의하면 사회 구성원들 모두가 최선을 추구하면 사회 전체적으로 가장 이득이 된다는 이론을 반박한 것이다.

게임 이론의 가장 대표적인 것이 모두가 잘 알고 있는 '죄수의 딜레마prisoner's dilemma'다. 물적 증거가 없이 범인의 자백에만 의존해야 하는 범죄가 발생했다. 검사는 공범으로 의심되는 두 사람의 혐의자를 잡아 놓고 분리 심문을 하면서 이렇게 회유한다.

"당신이 범죄를 부인하고 친구가 자백하면 당신은 징역 10년이고, 친구는 수사에 협조한 공으로 방면된다. 당신과 친구 모두가 자백하면 두 사람 모두 징역 5년, 모두가 범죄를 부인하면 징역 2년씩이다."

이 경우 가장 유리한 선택은 두 사람 모두가 범행을 부인하는 것이다. 그러나 실제로는 두 사람 모두가 자백해서 징역 5년씩을 받게 된다는 이야기다.

3인의 결투도 자주 인용되는 게임 이론이다. A, B, C 세 사람이 권총으로 결투를 하게 되었다. 세 사람 중 한 사람만 살아남을 때까지 돌아가며 총을 쏘기로 했다. A는 명중률이 1/3이고, B는 2/3, C의 명중률은 100이다. 형평을 위해 명중률이 가장 낮은 A부터 사격하기로 했다.

A는 누구를 쏘는 것이 가장 유리할까?

이 문제의 해답은 이러하다. A는 허공으로 총을 발사하는 것이 가장 유리하다. 만약 A가 B를 쏘아 명중시킨다면 그는 최악의 선택을 한 것이다. 다음에 쏘게 될 C의 과녁이 되기 때문이다. 만약 A가 C를 쏘아 명중시킨다면 A는 명중률 2/3인 B의 과녁이 될 것이기 때문이다.

A가 허공으로 쏘았을 경우를 보자. 다음 차례인 B는 C를 쏘아야 한다. 만약 B가 A를 쏘아 명중시킨다면 다음은 명중률 100%인 C의 총

구를 맞이하게 되기 때문이다. B가 C를 쏘아 명중시켰다면 다음은 다시 A 차례다. B가 C를 겨누었지만 실패할 경우는 C의 차례가 된다. C는 A보다 B가 더 위험한 존재이기 때문에 B를 쏘게 된다. B가 쓰러지고 나면 다시 A에게 C를 쏠 기회가 주어진다.

좌우의 심리

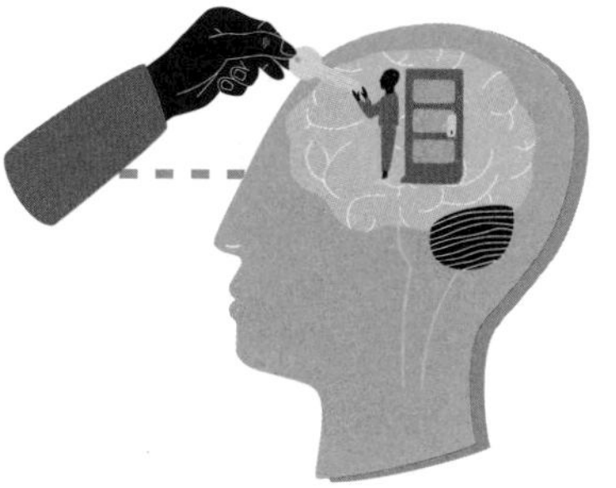

사람들은 운동장 바퀴를 돌 때는 시계 반대 방향으로 달린다. 육상을 할 때도 스케이팅을 할 때도 그렇다. 과학적인 이유는 확실하지 않으나 왠지 시계 방향으로 돌면 아주 어색해진다.

이에는 두 가지 정도의 학설이 있다. 첫째, 심장을 보호하기 위해서다. 심장을 안쪽, 즉 원의 중심에 두자는 것이다. 다른 하나는 지구 자전의 바람을 이용하자는 것이다. 알다시피 지구는 동에서 서로 자전하면서 바람을 일으킨다. 이것이 북반구에서는 시계 반대 방향으로 돌아간다. 태풍이 회전하는 인공위성 사진을 보라. 바로 그 방향이다. 그렇게 함으로써 훨씬 더 에너지를 아낄 수 있다.

그럼 남반구에서는 시계 방향으로 돌아야 하지 않을까?

그것은 북반구 사람들이 먼저 표준으로 만들었기 때문이다.

그런데 길을 걸을 때는 시계 방향으로 걷는 게 훨씬 편하다고 한다. 왜일까?

그 이유는 남자의 본능 때문이다. 남녀가 데이트한다고 가정해보자. 이때 남녀의 위치는?

당연히 남자가 차도 가까이 걷고 여자는 가게들이 늘어서 있는 쪽, 즉 안쪽으로 걷는다. 여자로 하여금 보석가게들을 보면서 걷게 하려는 배려다. 보석가게뿐 아니라 여자는 걸으면서 가게 안의 상품들을 구경할 수 있게 해야 한다. 이것이 신사의 최소한 매너다.

퇴근길 오른편 자리가 가게의 명당자리

자, 그렇다면 가게로서의 명당자리는 어디인가?

당연히 걸어가는 방향의 오른쪽이 된다. 즉 유동인구가 흘러가는 방향 오른쪽에 위치한 가게가 명당인 것이다. 같은 오른쪽이라도 출근길 인파의 오른쪽은 별 볼일이 없다. 아이들이 등교하는 길목 오른편에 문방구라도 차린다면 모를까, 일반적인 개념의 가게는 출근길과는 상관이 없다. 오히려 출근길의 오른쪽은 퇴근길에는 왼편이 되어 버린다. 이것이 가장 나쁜 자리다.

정리하자면 퇴근길, 오른편, 시계 방향으로 돌아가는 길목이 가장 좋은 자리다. 고정인구도 중요하지만 상품 특성에 따라서는 유동인구가 훨씬 더 중요한 경우도 있다. 유행에 민감한 아이템이나 젊은이들을 상대로 하는 아이템은 유동인구가 더 중요하다.

이렇게 보면 된다. 일상적으로 반복적으로 구입하는 상품은 고정인구가 중요하고, 일회적으로 다분히 충동적으로 구매하는 상품은 유동인구가 더 중요하다.

이번에는 접근의 편리성을 생각해보자. 점포는 물리적으로 또한 심리적으로 접근이 편리해야 한다. 포장마차가 장사가 되는 이유도 접근의 편리성 때문이다. 포장마차는 혼자서도 갈 수 있는 곳이지만 음식점은 혼자 가서 술을 마시기에는 부적합하다. 그래서 포장마차가 장사가 되는 것이다.

접근의 편리성으로 들 수 있는 또 다른 요소는 신발을 벗느냐 마느냐 하는 문제다. 일단 신발을 벗고 들어가야 하는 가게는 불편하게 느낀다. 이런 집은 상대적으로 고급스러운 분위기가 아니면 일부러 찾지 않게 된다. 특히 요즘의 젊은이들은 신발 벗는 것을 아주 싫어한다. 그래서 젊은 층을 상대로 하는 음식점이나 주점은 문턱이 없이 신발을 신은 채로 접근할 수 있도록 내부를 꾸며야 장사가 잘된다.

다음으로 갖추어야 할 요소는 여자를 보호할 수 있는 좌석 배치여야 한다는 점이다. 여자를 보호할 수 있는 배치란 무엇인가?

남녀 데이트족이 음식점에 들어가 자리를 잡았다. 그다음에 다른 손님이 문을 열고 들어올 때에 그 손님과 여자의 눈이 마주칠 수 있는 위치는 장사가 안 된다.

테이블 배치도 그 점을 고려하지 않으면 안 된다. 여자를 위해 무언가 특별한 배려를 한다는 느낌을 주는 분위기가 가장 좋은 인테리어인 것이다.

남자는? 여자가 좋다면 끝이다!

진짜 얼굴과 가짜 얼굴

피험자에게 좌우 대칭의 의미 없는 그림을 보여주고 성격 특성을 진단하는 '로르샤흐 검사Rorschach Test'에서도 사람들은 그림의 왼쪽에 더 주목한다. 안구眼球가 자신을 기준으로 오른쪽상대방 쪽에서는 왼쪽으로 움직이기 쉽기 때문에 자연히 시선이 상대방의 왼쪽에 집중되는 것이다.

이러한 안구의 움직임에 맞춰 감정도 얼굴 왼쪽에 더 확실히 나타난다. 반쪽 얼굴만으로 합성 사진을 만들어보면, 왼쪽만으로 합성한 사진이 오른쪽만으로 합성한 사진보다 감정이 확연하게 드러나고 위화감을 덜 준다. 따라서 상대의 속마음을 파악하기 힘들 때는 상대방의 왼쪽 얼굴을 자세히 살펴보면 도움이 된다.

사랑하는 사람끼리 서로 마주볼 때도 상대의 왼쪽 얼굴에 시선이 더 많이 간다. 따라서 매력적으로 보이고 싶은 여성은 남성의 오른쪽에 앉아 왼쪽 얼굴이 더 많이 보이도록 하는 것이 좋다.

얼굴에는 진짜 얼굴과 거울에 비친 얼굴, 곧 '경영사진鏡映寫眞'의 얼굴이 있다. 실제로 우리는 한 번도 자기 얼굴을 직접 본 적이 없다. 진짜 자기 얼굴이라고 생각하는 얼굴은 거울에 비친 얼굴이다.

문제는 경영사진에서는 상像이 역전逆轉되어 있다는 것이다. 따라서 우리는 거울을 통해 언제나 역전된 자기의 모습을 보고 있을 뿐이고, 다른 사람들만이 정면에서 우리의 진짜 모습을 보고 있다. 엄밀히 말해 '내가 보는 나'와 '다른 사람이 보는 나'는 다르다는 것이다.

심리학에 '숙지성熟知性의 원리' 또는 '에펠탑 효과eiffel tower effect'라는 것이 있다. 사람들은 대개 처음 본 사람보다는 몇 번이라도 본 적이 있는 사람에게 호감을 더 느낀다. 여러 번 만나다 보면 상대편을 이해하게 되고, 나아가 자기에게 긍정적인 영향을 줄 사람인지 부정적인 영향을 줄 사람인지도 파악하게 된다.

심리학자인 미타는 이 점에 착안해서 재미있는 실험을 했다. 사람들의 진짜 얼굴 사진과 거울에 비친 얼굴 사진을 준비해서 두 장의 사진을 본인과 그 사람의 친구에게 보여주고, 어느 쪽이 마음에 드는지를 물어보는 실험이었다.

미타는 숙지성의 원리를 두 장의 사진, 곧 '진짜 나의 얼굴 사진'과 '거울에 비친 나의 얼굴 사진'을 비교하여 호감도를 확인해보았다. 이 원리가 사실이라면 늘 나를 봐온 친구들은 '진짜 내 얼굴 사진'을, 나는 늘 거울에서 나를 봐왔기에 '거울에 비친 내 얼굴 사진'을 더 좋아할 것이다.

결과는 예상대로였다. 실험에 참여한 사람들 가운데 약 70%가 진짜 자기 얼굴보다 거울에 비친 자기 얼굴을 더 좋아했다. 친구들의 약 60%는 거울에 비친 나의 얼굴보다 진짜 나의 얼굴을 더 좋아했다. 이처럼 우리는 거울에 비친 자기 얼굴에 더 친근감을 느끼며 살아가고 있다.

내가 알고 있는 얼굴이 나의 진짜 얼굴이 아니듯, 겉으로 나타나는 상대의 몸짓을 통하여 어떻게 그의 속마음을 알아낼 수 있을까?

| 찾아보기 |

ㄱ

가용성 편향 • 45
가용성 휴리스틱 • 44
가족분열 이론 • 189
개념적 소비 • 90
거짓말의 딜레마 • 138
게임 이론 • 272
결정 장애 • 73
경영사진 • 279
경험적 확률 • 266
고슴도치 딜레마 • 261
공유지의 비극 • 197
공진화 • 199
구경꾼 효과 • 172
군맹무상 • 47
군맹평상 • 210
군중 심리 • 244
규범적인 학문 • 77
근친상간 • 188
근친혼 • 190
기대 효용 • 84
기차에서 만난 이방인 현상 • 115
기회비용 • 82
깨진 유리창의 법칙 • 146
꾸데이 • 78
끌림의 법칙 • 146

ㄴ

나르시시즘 • 181, 187, 262
나비 효과 • 21
노세보 효과 • 154
님비 현상 • 196

ㄷ

대표성 휴리스틱 • 44
데자뷰 현상 • 229
도박사의 오류 • 265
도플갱어 • 111
되먹임 현상 • 21

ㄹ

램프 증후군 • 249
레밍 신드롬 • 45, 243
로르샤흐 검사 • 279
루시퍼 효과 • 108
리비도 • 180
링겔만 효과 • 172

ㅁ

마녀사냥 • 254
마의 벽 • 152
마인드 버그 • 64
매몰비용 • 164
메이비 세대 • 74

모험적 이행 • 97
몬티홀 문제 • 271
무의식 • 57, 183
므두셀라 증후군 • 176
민감도 체감성 이론 • 68

ㅂ
방관자 효과 • 171
밴드왜건 효과 • 93
베르테르 효과 • 149
베블런 효과 • 93
복잡계 • 16, 26
분석심리학 • 182
불안 장애 • 252
불확정성 원리 • 31
뷰자데 • 234
블랙 스완 • 51
비밀 엽서 • 116
비선형 • 24
비자발성 • 194

ㅅ
사회물리학 • 29
사회적 선택 이론 • 67
살리에리 증후군 • 127
선한 사마리아인 • 170
수학적 확률 • 266
숙지성의 원리 • 280
순교자 증후군 • 177
슈퍼 에고 • 181
스놉 효과 • 93
스톡홀름 증후군 • 178
시너지 효과 • 172
신경소자 • 17

ㅇ
아사비야 • 205
아폴로 신드롬 • 100
악의 상황 이론 • 109
애빌린 패러독스 • 239
양자역학 • 31, 53
에고 • 181
에펠탑 효과 • 280
열병 모델 • 114
오이디푸스 콤플렉스 • 156, 179
웨스터마크 효과 • 189
위약 효과 • 152
위조된 기억 • 229, 231
유사성 효과 • 186
율리시스의 계약 • 86
음모론 • 259
이기적 유전자 • 138
이드 • 181
이리듐 프로젝트 • 162
인지부조화 • 160
인지적 오류 • 43
임계치 • 36

ㅈ
자기만족의 함정 • 216
자기생산 • 232
자기조직화 • 36
자기중심적 편파 • 260
자기충족적 예언 • 155
자아 • 181
작은 수의 법칙 • 266
제노비스 신드롬 • 172
제약조건 이론 • 34
죄수의 딜레마 • 272
준거 의존형 존재 • 68
진화론 • 138, 210
진화심리학 • 122
집단무의식 • 183
집단이기주의 • 192
집단사고의 함정 • 98
집단심리 • 97
집단지성 • 100

ㅊ
창발성 • 18, 30
첫인상 효과 • 44
초자아 • 182

ㅋ
카오스 • 16
카오스 현상 • 22, 25
콩코드 효과 • 164
큰 수의 법칙 • 266

ㅍ
패러다임 시프트 • 52
편승 효과 • 46
평균으로 회귀 • 202
폴터가이스트 • 184
프레임 효과 • 57, 208
플라세보 효과 • 152, 154
피그말리온 효과 • 157
핌피 현상 • 196

ㅎ
하인리히의 법칙 • 147
햄릿 증후군 • 76
행동경제학 • 42
허위의식 • 222
확증 편향 • 56, 71
휴리스틱 • 44
휴브리스 • 71

기타
O링 이론 • 34
X이벤트 • 32